dtv

D0626404

dtv
_____

portrait

Herausgegeben von Martin Sulzer-Reichel

Stefan Schank, geboren 1962 in Saarbrücken,
studierte in Saarbrücken Neuere Deutsche Literaturwissen-
schaft, Neuere Deutsche Sprachwissenschaft und Anglistik.
1994 promovierte er über ›Kindheitserfahrungen im Werk
Rainer Maria Rilkes‹. Seit 1992 ist er Bibliograph, seit 1994
auch verantwortlich für den Vortrag über »Neue Rilke-
Literatur« bei den Jahrestagungen der Rilke-Gesellschaft.

Rainer Maria Rilke

von Stefan Schank

Deutscher Taschenbuch Verlag

Weitere in der Reihe dtv portrait erschienene Titel S. 160

Originalausgabe
Juli 1998
2. Auflage April 1999
© Deutscher Taschenbuch Verlag GmbH & Co. KG, München
Umschlagkonzept: Balk & Brumshagen
Umschlagbild: Ausschnitt aus dem Gemälde ›Rainer Maria Rilke‹
(um 1901) von Helmuth Westhoff (© AKG, Berlin)
Layout: Matias Möller, Agents – Producers – Editors, Overath
Satz: Matias Möller, Agents – Producers – Editors, Overath
Druck und Bindung: APPL, Wemding
Gedruckt auf säurefreiem, chlorfrei gebleichtem Papier
Printed in Germany   ISBN   3–423–31005–7

Inhalt

1 Ausschnitt aus dem Gemälde ›Rainer Maria Rilke‹ (um 1901) von Helmuth Westhoff

Kindheit und Jugend

Ich habe kein Vaterhaus,
und habe auch keines verloren;
meine Mutter hat mich in die Welt hinaus
geboren.
Da steh ich nun in der Welt und geh
in die Welt immer tiefer hinein,
und habe mein Glück und habe mein Weh
und habe jedes allein.

›Der Letzte‹

Heimatlosigkeit und Einsamkeit – diese Gefühle haben Rainer Maria Rilke sein Leben lang begleitet. Oft hat er die Einsamkeit gesucht, um dichten zu können. Aber jede Einsamkeit des Erwachsenen hat die Erinnerungen an die unerträgliche Einsamkeit wachgerufen, die Rilke als Kind erfahren mußte. Von einem der seltenen Besuche in seiner Geburtsstadt berichtet Rilke am 1. November 1907 seiner Frau: »Es macht mich traurig, diese Hausecken, jene Fenster und Einfahrten, Plätze und Kirchenfirste gedemütigt zu sehen, kleiner als sie waren, reduziert und völlig im Unrecht. ... Und ihre Schwere ist ins Gegenteil umgeschlagen, aber wie sehr ist sie, Stelle für Stelle, Schwere geblieben (mehr als je fühle ich seit heute früh die Gegenwart dieser Stadt als Unbegreiflichkeit und Verwirrung); sie müßte entweder mit meiner Kindheit vergangen sein, oder meine Kindheit müßte von ihr abgeflossen sein später, sie zurücklassend, wirklich neben aller Wirklichkeit, zu sehen und auszusagen ... So aber ist sie gespenstisch, wie die Menschen, die von früher her zu ihr und zu mir gehören und die uns zusammenbringen und mit einander nennen. – Ich habe es nie so verwun-

»Rilke hat mir einen so großen Eindruck gemacht, weil er eine völlig genuine, echte, unmittelbare Künstlerpersönlichkeit war, Künstler und nichts anderes. ... Die Art dieses Menschen und die Form seines Sprechens sind absolut kongruent mit dem geschriebenen Werk. ... Bei Rilke stieß ich auf das endgültig Echte.«

Jean Rudolf von Salis, ›Dem Leben recht geben‹, 1993.
Jean Rudolf von Salis im Gespräch mit Klara Obermüller

2 Rilkes Eltern kurz vor ihrer Hochzeit am 24. Mai 1873. Fotografie

derlich empfunden, meine Ablehnung war nie so groß wie diesmal.« Was war das für eine Kindheit, deren Vergegenwärtigung für Rilke offenbar kaum zu ertragen war?

Rilke wird am 4. Dezember 1875 in Prag geboren. Er ist ein Siebenmonatskind, was die Eltern mit um so größerer Angst erfüllt haben dürfte, als eine im Jahr zuvor geborene Tochter nach nur wenigen Wochen starb. Am 19. Dezember wird der etwas schwächliche, aber gesunde Junge in der Kirche zu St. Heinrich in Prag auf den Namen René Karl Wilhelm Johann Josef Maria getauft. »René« – »der Wiedergeborene«, der Name klingt wie die weibliche Form »Renée«. Es kommt nicht selten vor, daß ein nachgeborenes Kind von den Eltern als Ersatz für sein verstorbenes Geschwister angesehen wird, und das ist wohl auch bei Sophie und Josef Rilke der Fall. Ihr Sohn wird seinen Vornamen als Einundzwanzigjähriger, kurze Zeit nach seinem Weggang aus Prag, in »Rainer« ändern und nur noch seine Briefe an die Mutter, für die er zeitlebens »René« bleiben wird, mit seinem Taufnamen unterschreiben.

Die Änderung des Vornamens war ein Versuch Rilkes, den Abschied von der Kindheit und den Eltern symbolisch zu vollziehen. Aber symbolische Handlungen genügen nicht, um eine zutiefst verletzte Kinderseele zu heilen – das mußte Rilke bald danach erkennen. Die Bewältigung der Einsamkeit, der inneren

»Prags Erwachen« an einem gewöhnlichen Werktag morgens um sechs: »Es ist die Stunde des Schichtwechsels. Ein Teil der Stadt geht schlafen, ein Teil der Stadt erwacht. ... Eine lange Kette von Landwagen ..., Hundegespanne mit Gurkenladung, riesige Streifwagen mit Kohlköpfen und Salat, die weißen Wagen der Dampfmolkereien, Bauersleute mit gemüsebeladenen Schubkarren, alte Weiber mit Schwämmen, Erdbeeren und anderen Waldfrüchten eilen der Altstadt zu. Sie bringen dem ›Bauche von Prag‹ ihre Opfergaben. ...

Leere und der Bedrohung seiner Seele, die er in der Kindheit erfahren hatte, wurde zu einem erklärten Ziel Rilkes, der seine Dichtung immer auch als eine Form der »Selbstbehandlung« betrachtete, wie er dem Psychoanalytiker Emil von Gebsattel gegenüber erklärte (Brief vom 14. Januar 1912).

Noch im September 1923, als Rilke längst dazu übergegangen war, in seinen Dichtungen das Kind zu einer mythischen Idealgestalt zu verklären, liefert er der Gräfin Sizzo eine eindringliche Schilderung der Atmosphäre, in der er aufwuchs: »Prag (und was mit ihm zusammenhängt) bedeutet mir lauter Schweres, Undurchdringliches, Lasten, die ich, als Knabe, ertrug, ohne sie mir erklären zu können –, alles das, was ›die Familie‹ war und eine in ihren meisten Gliedern ermüdete, absterbende, die Familie und nicht man selbst, dieser junge Mensch von damals, der sich gegen alles und alle zu wehren hatte mit unzureichenden Mitteln und Kräften ...« Wie schon im Brief an seine Frau 16 Jahre zuvor beschreibt Rilke auch hier wieder das Gefühl, als Kind bedrängt und von den Menschen in seiner Umgebung zu etwas ihm völlig Unbegreiflichem, Fremdem gezwungen worden zu sein. Die Situation im Hause Rilke glich derjenigen in vielen Familien der Mittelschicht damals wie heute: eine unglückliche Ehe, beiderseits viele enttäuschte Hoffnungen, unerfüllte Sehnsüchte und gegenseitige Schuldzuweisungen, dazwischen ein Kind, für das man das Beste will, das aber von beiden Eltern mit zahllosen, oft einander widersprechenden Erwartungen konfrontiert wird und diesen auch entsprechen will, um sich die Zuneigung der Eltern zu bewahren, das darüber das Gefühl für sich selbst verliert und schließlich die Trennung der beiden geliebten Menschen doch nicht verhindern kann. Rilkes Eltern waren keine ungewöhnlichen Menschen, im Guten nicht

Um diese Zeit neigt sich auch das wogende Leben, das von drei Uhr morgens ab in den Kaffeehäusern und Suppenstuben der Galligasse und der Rittergasse herrschte, seinem Ende zu. Hier sitzen die Damen der Halle im Lokale, in dessen Mitte, ganz wie im Orient, der Herd steht, und besprechen bei einer Tasse Kaffee ... die österreichische Agrarpolitik und ihre Einwirkung auf die Fleischteuerung. ... Die Schnapsbutiken sind voll von Leuten, die sich aus den zahllosen Fäßchen Arzneien gegen Mattigkeit und Nervosität kredenzen lassen. Die Gassen beleben sich immer mehr. Bäckerjungen, Fleischergehilfen, ... Nachtwächter, Plakatankleber und Zeitungsausträgerinnen sind die Passanten.«
Egon Erwin Kisch, ›Aus Prager Gassen und Nächten‹, 1968

und nicht im Schlechten. In dem, was sie dachten und taten, in ihren Wertmaßstäben und Lebenszielen unterschieden sie sich nicht von anderen Angehörigen der deutschsprachigen Prager Mittelschicht.

Der Vater, Josef Rilke, im böhmischen Schwabitz geboren, wurde in Militärschulen erzogen und nahm als Kadettfeuerwerker 1859 am Feldzug gegen Italien teil. Während dieses Krieges war er für kurze Zeit selbständiger Kommandant des Kastells von Brescia, hatte damit allerdings auch schon den Höhepunkt seiner militärischen Laufbahn erreicht. Nach dem Krieg wurde Josef Rilke Lehrer an der Schule seines Regiments, doch bereits 1865 nahm er seinen Abschied – tief enttäuscht darüber, daß ihm trotz mehrerer Eingaben die Beförderung zum Offizier vorenthalten worden war, und gesundheitlich schwer angeschlagen durch ein chronisches Halsleiden. Auch zwei von Josef Rilkes Brüdern brachte die militärische Laufbahn kein Glück. Emil, der es mit 21 Jahren immerhin zum Oberleutnant gebracht hatte, starb im Mai 1858, Hugo beging 1892 Selbstmord, da er sich bei der Beförderung dauernd übergangen fühlte. Nachdem er die Armee verlassen hatte, war Josef Rilke auf die Hilfe seines ältesten Bruders Jaroslav angewiesen, um bei der k. k. Turnau-Kralup-Prager Eisenbahngesellschaft unterzukommen. Den Rest seines Lebens verbrachte er als Bahnhofschef und Magazinvorsteher in verschiedenen Kleinstädten und wurde schließlich als Inspektor der Böhmischen Nordbahn pensioniert. Die Selbstbestätigung, die ihm im Beruf versagt blieb, verschaffte sich Josef Rilke nach Feierabend bei regelmäßigen Besuchen in den Cafés der Altstadt. Dort verstand er es – intellektuell eher bescheiden ausgestattet und ein wenig spießig –, mit seinen gepflegten Umgangsformen und stets adretter Kleidung die behüteten höheren Töchter Prags zu beeindrucken. Von Josef Rilkes sorgfältig einstudierter soldatischer Pose – und vielleicht auch von

Nach Rilkes Tod korrespondierte Sophie Rilke mit Nanny Wunderly-Volkart, besuchte Muzot und siedelte schließlich nach Sierre über. Unablässig kreisten ihre Gedanken um den Sohn. In einem Brief, dessen Diktion typisch ist für all ihre Briefe an Nanny, schreibt Sophie Rilke am 29. Dezember 1928, Rilkes zweitem Todestag:

»Jesus und Maria innigst befohlen!

Mein teuerstes Herz der Welt!
Mit meinem namenlosen Weh eile ich zu dir; du allein, kannst meinen tiefen, tiefen Schmerz ermessen, der mich, am heutigen Gedenktag unsagbar im Innersten erschüttert. Zwei bange Jahre, – seit der Heiland mei-

einer gewissen Väterlichkeit in seinem Wesen – ließ sich denn
auch die junge Sophie Entz beeindrucken.

Rilkes Mutter Sophie stammte aus einer angesehenen und
wohlhabenden Prager Familie. Ihr Vater Carl war Fabrikant
und Kaiserlicher Rat, ihre Mutter Caroline die Tochter von Carl
Kinzelberger, der in Prag eine Fabrik für chemische Farben und
Produkte besaß. Die Familie Entz wohnte in einem aus der Ba-
rockzeit stammenden Haus in der Herrengasse. Sophie Entz
wurde Phia genannt, und Phia wollte sie auch zeitlebens bleiben: ein kleines, schwaches Wesen, das seiner Umgebung sig-
nalisierte, daß man es vor allem Ungemach der Welt bewahren
müsse. Doch ähnlich wie Josef Rilkes soldatische Pose war auch
die vermeintliche Schwäche Sophies nur eine Maske: Dahinter
verbarg sich eine starke und durchaus lebenstüchtige Persönlichkeit, die ihren Willen stets durchzusetzen wußte, und dies
auch gegen eine Umgebung, die Widerstand leistete. Die Trennung vom Ehemann etwa, die Sophie Rilke 1884 vollzog, war
im 19. Jahrhundert in bürgerlichen Kreisen ein schwieriger
Schritt, und noch als fast Achtzigjährige bewies Sophie Rilke ihre beachtliche Fähigkeit zur Selbstbehauptung, als sie sich nach
dem Tod ihres Sohnes durch den Dschungel der tschechischen
Bürokratie kämpfte, um ihre Übersiedlung aus Prag in die
Schweiz durchzusetzen. Von der Ehe mit dem 13 Jahre älteren
Josef Rilke, geschlossen am 24. Mai 1873, machte sich die Zweiundzwanzigjährige allerdings wohl eine unrealistische Vorstellung. Einige der von ihr 1900 unter dem Titel ›Ephemeriden‹
veröffentlichten Aphorismen lassen die Desillusionierung spüren, die Sophie Rilke schon bald erlebte. In Sentenzen wie
»Manche Trauung ist nur das Gebet vor der Schlacht« oder
»Die Untreue wurde vom Glück in die Welt gesetzt« kommt die
unterdrückte Wut der Schreiberin zum Ausdruck, aber auch ein
für die damalige Zeit durchaus nicht alltägliches emanzipiertes

nen teuern Sohn, mein heißgeliebtes
Kind zu sich berufen; und dieser
Schmerz ist keine Sekunde vermin-
dert. Mein René! mein Alles!! – – – du
teuerstes Herz, du warst bei seinem
Abschied vom Leben, du warst sein
Engel, – wie, der ›Einzige‹, – mir in
stiller Nacht gestand, – und bist nun
der treue Engel, seiner verlassenen,

tiefunglücklichen Mama. Gott lohne
dir Alles!!«

Im August 1931 zog Sophie Rilke zu
ihrer Enkelin Ruth Sieber-Rilke nach
Weimar, wo sie am 21. September
1931 starb.

Lebensgefühl, das sich jedoch nicht gegen das Grundgefühl, vom Leben enttäuscht worden zu sein, durchsetzen konnte. Zur Kompensierung ihrer Frustrationen kultivierte Sophie Rilke eine lebensabgewandte, in Ritualen erstarrte katholische Kirchenfrömmigkeit, die sich mit zunehmendem Alter zu einem regelrechten religiösen Fanatismus steigerte, klagte unablässig über ihre zahllosen, meist eingebildeten Krankheiten und kleidete sich stets ganz in Schwarz, um den Anschein einer großen Dame zu erwecken. Wenn Josef Rilke seine kapriziöse Gattin nicht mehr ertrug, machte er sich auf den Weg in die Altstadt. Der gemeinsame Sohn aber war den Launen seiner Mutter ausgeliefert.

Die Welt des kleinen René ist eng, bedrückend eng, räumlich wie seelisch. Die Mietwohnung in der Heinrichsgasse, in einem der besseren Viertel Prags gelegen, ist für die Familie eigentlich zu teuer und von Sophie Rilke geschmacklos eingerichtet und mit allerlei Nippsachen vollgestellt worden. Das allein wäre für Renés Psyche keine Katastrophe. Aber der Junge erfährt tagtäglich die Unzufriedenheit seiner Eltern mit sich selbst, mit dem anderen und mit dem Leben, das sie führen. Da werden große Anstrengungen unternommen, einen gesellschaftlichen Schein zu wahren, der nichts mit ihrer Lebenswirklichkeit zu tun hat. Besonders bedrückend empfindet René seine Kindheit in jenen Momenten, in denen er in dieser engen Wohnung allein ist mit einer Mutter, die sich allein auf ihren Sohn konzentriert, ohne sich ihrer erzieherischen Verantwortung bewußt zu werden. Bedenkenlos verwickelt Sophie Rilke ihren kleinen Sohn in ihre religiösen Rituale – bei jedem Kirchenbesuch muß René die Wunden Christi küssen –, überträgt ihre eigenen hypochondrischen Befürchtungen auf ihn, hält ihn vom Kontakt mit Gleichaltrigen fern, steckt ihn bis zu seiner Einschulung in Mädchenkleider und bringt ihn dazu, die Rolle seiner verstorbenen Schwester zu spielen, kurz: Rilkes Mutter behandelt ihren Sohn nicht als ein

3 Rilkes Geburtshaus in der Heinrichsgasse (Jindřišská) Nr. 17 in Prag (das zweite Gebäude von links)

Wesen mit eigenen Gefühlen, Wünschen und Bedürfnissen, sondern als einen Teil ihrer selbst, als ein Objekt, in dem sie sich großartig gespiegelt sehen kann, wann immer sie das will. Und René erfüllt die Wünsche seiner Mutter, verhält sich so, wie sie es von ihm erwartet, weil er von ihr abhängig ist und weil er, wie jedes Kind, befürchtet zu sterben, wenn er die Zuneigung seiner Mutter verliert. Es gibt nur einen einzigen Bereich, in dem René sich in seinen ersten zehn Lebensjahren ungehindert entfalten kann: Wann immer er seiner Phantasie freien Lauf läßt, werden ihm von der Mutter keine Grenzen gesetzt. In seiner Freude am Zeichnen erfährt er von ihr ebenso Bestätigung wie bei den gemeinsamen Träumen von einer vornehmen Abkunft der Familie – die bis heute nicht beweisbare adlige Abkunft der Familie Rilke hat im übrigen auch Rilkes Onkel Jaroslav zeitlebens nachzuweisen versucht. In seiner frühen Begeisterung für Dichtung wird René ebenso bestärkt wie in seinen eigenen dichterischen Versuchen. Seine Mutter ermöglichte es ihm zweifellos, ein Gefühl für seine einzigartige sprachliche Begabung zu entwickeln, und sie hat seinem Ziel, Dichter zu werden, immer positiv gegenübergestanden – wenn auch sicher nicht uneigennützig. Solange der Sohn mit ihr zusammen war, hatte sie in ihm einen Verbündeten, der ihre schöngeistigen Interessen teilte – anders als ihr Mann, dem die Welt der Kunst zeitlebens suspekt blieb. Und als Mutter und Sohn getrennte Wege gingen, konnte sie von seinem zunehmenden Ruhm profitieren, was Rilke in seiner autobiographischen Erzählung ›Ewald Tragy‹ voraussah, als es mit seinem Ruhm beileibe noch nicht weit her war.

Renés Eintritt in die von Piaristen geleitete, hauptsächlich von den Söhnen des gehobenen deutschsprachigen Mittelstandes besuchte Deutsche Volksschule in Prag ändert an den emotionalen Verwobenheiten zwischen Mutter und Sohn nichts. Obwohl die Schule nur ein kurzes Stück von der Wohnung in der

4 René Rilke
1880 ...   5 ... und 1882

Sie hat meinen Vater verlassen. Sie reist. Sie hat immer nur soviel mit, als
sie unterwegs braucht, auch von Liebe – Ich weiß lange nichts von ihr, denn
wir schreiben uns seit einem Jahr nichtmehr. Aber gewiß erzählt sie zwischen zwei Stationen im Coupé: »Mein Sohn ist ein Dichter –«
›Ewald Tragy‹, 1898

Heinrichsgasse entfernt liegt, besteht Sophie darauf, ihren Sohn
bis vor das Schultor zu begleiten und dort auch wieder abzu-
holen, sie bringt ihm Französisch bei als Gegengewicht zu dem
als Schulfach gelehrten Tschechisch – der Sprache der Arbeiter
Prags –, und sie schreibt ihm großzügig Entschuldigungen wegen Krankheit. In diesen Jahren beginnt Josef Rilke, der bis dahin
nichts getan hat, um dem unheilvollen Einfluß seiner Frau auf
den gemeinsamen Sohn etwas entgegenzusetzen, nun seinerseits, den Stammhalter mit den Erwartungen des gescheiterten
Offiziers zu konfrontieren: Er soll mit Hanteln trainieren, sich
die Zeit mit Säbel, Helm und Bleisoldaten vertreiben und durch
Spiele, wie sie einem Jungen angemessen sind, seine körperliche Konstitution verbessern. Und René, von seiner Mutter
bereits bestens darauf vorbereitet, elterliche Erwartungen zu erfüllen, klettert plötzlich auf Bäume, spielt Soldat, darf im Ur-
laub irgendwo auch einmal eine Kutsche lenken und berichtet
von alledem seinem Vater in soldatischem Meldeton: »Esse wie
ein Wolf, schlafe wie ein Sack«; »Bin Major der zweiten reiten-
den Kompagnie, habe einen mit Gold beschlagenen Säbel …
und bin Ritter des blechernen Verdienstkreuzes.« René schreibt
diesen Brief im August 1883 an seinen Vater. In dieser Zeit ver-
schärfen sich die Spannungen zwischen Sophie und Josef Rilke,
und René wird stärker als je in den ehelichen Machtkampf verwickelt. Das Gedicht, das der Achtjährige den Eltern zum
Hochzeitstag 1884 schreibt, endet mit flehentlichen Bitten, mit
dem ständigen Streiten aufzuhören:

14

Piaristen: eine 1617 von Joseph von
Calasanza gegründete Klostergenos-
senschaft für Schulunterricht. Egon
Erwin Kisch, der die Prager Piaristen-
schule etwa ein Jahrzehnt später als
Rilke besuchte, erinnert sich: »Zu Beginn des Unterrichtes wurde immer
gebetet. Zum Zeigen auf der Landkar-
te hatte der Lehrer einen langen Stock,
aber er verwendete ihn oft auch,
wenn anderes als Erdkunde geprüft
wurde, und dann schmerzten die
Finger und Handflächen sehr. Manche Schüler gingen nachmittags nach
der Schule ins Klostergebäude, wo
sie beim Herrn Lehrer noch Wieder-
holungsunterricht nahmen.« (›Aus
Prager Gassen und Nächten‹, 1968)

Nun lebe wohl mit Gottes Segen,
er schütze Euch auf allen Wegen.
Euer Leben sei nur Glück
auf Unglück denket nie zurück
        nie! nie! nie!
Nun lebet wohl ich sag Ade
und hoffe Euch tut nichts mehr weh
        Ade   Ade
Euer Euch innig liebender Sohn
                    René

Renés Bitten sind vergeblich. Noch im selben Jahr nehmen sich
die Eltern getrennte Wohnungen in Prag. Nachdem er noch zwei
Jahre in der höchst fragwürdigen Obhut seiner Mutter verbracht
hat, findet er sich am 1. September 1886 in der Militärunterrealschule St. Pölten wieder.

Daß die Eltern ihn, nachdem sie ihn zehn Jahre lang isoliert
haben, nun in eine Militärschule stecken, ist für René ein Schock,
eine traumatische Erfahrung, die er nie wirklich bewältigt. Statt
einer egozentrischen, emotional unkontrollierten und ganz auf
ihn fixierten Mutter sieht er sich nun Offizieren und Feldwe-
beln gegenüber, die ihm und seinen etwa 200 Mitzöglingen soldatische Fähigkeiten und Tugenden beibringen wollen. Und
während er zuvor große Teile des Tages in der Einsamkeit einer
Prager Mietwohnung verbracht hat, befindet er sich nun rund
um die Uhr in der Gemeinschaft von Gleichaltrigen, die ihm so
unbegreiflich bleiben wie Wesen von einem anderen Stern. Am

»Die Ehe meiner Eltern war schon welk, als ich geboren wurde. Als ich
neun Jahre war, brach die Zwietracht offen aus und meine Mutter verliess
ihren Mann. Sie war eine sehr nervöse schlanke, schwarze Frau, die etwas
unbestimmtes vom Leben wollte. Und so ist sie geblieben. Eigentlich hätten
diese beiden Menschen sich besser verstehen müssen, denn sie geben beide
unendlich viel auf Äusserlichkeiten; unser kleiner Hausstand, der in Wirklichkeit kleinbürgerlich war, sollte den Schein von Fülle haben, unsere Kleider sollten die Menschen täuschen und gewisse Lügen galten als selbstverständlich. Ich weiss nicht wie es mit mir war. Ich musste sehr schöne
Kleider tragen und ging bis zur Schulzeit wie ein kleines Mädchen umher;
ich glaube meine Mutter spielte mit mir wie mit einer grossen Puppe. Im
Übrigen war sie immer stolz, wenn man sie ›Fräulein‹ nannte. Sie wollte für
jung gelten, für leidend und für unglücklich. Und unglücklich war sie ja
wohl auch. Ich glaube wir waren es alle.«   *An Ellen Key, 3. April 1903*

5. November 1899 – zu dieser Zeit beschäftigt ihn der Gedanke, einen »Militärroman« zu schreiben, in dem er seine Erfahrungen in der Militärschule verarbeiten will – notiert Rilke in sein Tagebuch: »Auch erscheint mir der Stoff, je mehr ich mich an ihn verliere, immer noch unmöglich und grob; noch fühle ich nicht die Geschicklichkeit, diese Gesellschaft von Knaben in ihrer ganzen Roheit und Entartung, in dieser hoffnungslosen und traurigen Heiterkeit zu zeigen ... diese ganze Masse beständig als solche wirken zu lassen, erscheint mir ebenso wichtig wie schwer. Denn der einzelne ist ja eben – auch der verdorbenste – Kind, was aber aus der Gemeinsamkeit dieser Kinder sich ergibt, – das wäre der herrschende Eindruck –, eine schreckliche Gesamtheit, die wie ein fürchterliches Wesen wirkt, welches bald diesen und bald jenen Arm verlangend ausstreckt.«

Leidvolle Erfahrungen mit einem überharten Schulwesen sind ein nicht eben seltenes Thema unter den Zeitgenossen Rilkes. Frank Wedekind (›Frühlings Erwachen‹, 1891), Thomas Mann (›Buddenbrooks‹, 1902), Heinrich Mann (›Professor Unrat‹, 1905), ›Der Untertan‹, 1914), Hermann Hesse (›Unterm Rad‹, 1906) und Robert Musil (›Die Verwirrungen des Zöglings Törleß‹, 1906) etwa haben die Zerstörung der Individualität im preußisch-deutschen bzw. habsburgischen Bildungssystem beschrieben. Rilke dagegen hat seinen Militärroman zwar immer wieder als wichtiges Ziel seiner dichterischen Arbeit in Tagebüchern und Briefen erwähnt, ihn aber nie geschrieben. Nur in ein paar Skizzen und Fragmenten wird die Militärschule zum Thema, so auch in der 1894 entstandenen Prosaskizze ›Pierre Dumont‹ und in der Erzählung ›Die Turnstunde‹ (1899), deren dichter, lakonischer Stil in bemerkenswertem Gegensatz steht zur fast gleichzeitig entstandenen romantisch-heroischen Verherrlichung des Soldatenlebens in der ›Weise von Liebe und Tod des Cornets Christoph Rilke‹.

16

6 Das 1930 abgerissene Barock-Palais in der Prager Herrengasse (Panská) Nr. 8 wurde von Rilkes Urgroßvater Carl Kinzelberger erworben. Nach der 1884 erfolgten Trennung der Eltern wohnten Sophie und ihr Sohn bis zum Sommer 1886 in der großelterlichen Wohnung im zweiten Stock dieses Hauses.

7 Die Militärunterrealschule in St. Pölten

Betrachtet man die vermeintlich objektiven Befunde, also die Zeugnisse und Beurteilungen aus seinen vier St. Pöltener Jahren, so erscheinen Rilkes spätere Klagen über sein Leiden in der Militärschule als übertrieben. Vom ersten Jahr abgesehen, gehört René stets zu den Besten seines Jahrgangs, er wird von seinen Lehrern als »still, zaghaft, gutmütig«, »sehr artig und bescheiden«, als »sehr strebsam« und »besser befähigt für Sprachen« charakterisiert. Und von seinen Mitschülern wird René zwar als Sonderling betrachtet, als solcher aber respektiert. Er hält sich abseits, führt Tagebuch, schreibt Gedichte, beginnt 1890 gar mit der Niederschrift einer ›Geschichte des Dreißigjährigen Krieges‹ und darf öfters im Deutschunterricht Selbstverfaßtes vortragen, ohne daß er damit den Spott seiner Klassenkameraden hervorruft. Nach dem vierten Jahr in der Militärunterrealschule St. Pölten erfolgt denn auch planmäßig der Übergang zur Militäroberrealschule in Mährisch-Weißkirchen. Auch hier kann René seine guten Noten anfangs noch halten. Aber während er weiterhin Anpassungsleistungen an die Umgebung vollbringt, signalisiert sein Körper dem Heranwachsenden, daß er nicht in diese militärische Umgebung gehört. René ist immer häufiger

17

»Der Mensch, wie ihn die Natur erschafft, ... ist ein Urwald ohne Weg und Ordnung. Und wie ein Urwald gelichtet und gereinigt und gewaltsam eingeschränkt werden muß, so muß die Schule den natürlichen Menschen zerbrechen, besiegen und gewaltsam einschränken; ihre Aufgabe ist es, ihn nach obrigkeitlicherseits gebilligten Grundsätzen zu einem nützlichen Gliede der Gesellschaft zu machen und die Eigenschaften in ihm zu wecken, deren völlige Ausbildung alsdann die sorgfältige Zucht in der Kaserne krönend beendigt.« *Hermann Hesse, ›Unterm Rad‹, 1906*

krank oder, wie er einige Jahre später an Valerie von David-Rhonfeld schreibt, »mehr
geistig vergrämt als körper-
lich krank«. Nach neun Monaten in Mährisch-Weißkirchen
wird René schließlich im Juni
1891 mit Genehmigung seines
Vaters aufgrund von »dauern-
der Kränklichkeit« ohne Ab-
schlußzeugnis aus der Militärschule entlassen.

René Rilke hat sich – vor-
dergründig – den Regeln der
Militärschule unterworfen. Er
hat nicht offen aufbegehrt,
sondern er tat, was von ihm
als Schüler erwartet wurde,
und er machte seine Sache gut.
Seine Seele aber verschloß er,

8 Rilke als Kadett in St. Pölten 1888

vor den Mitschülern, vor den Lehrern und vor den Eltern. Seinen wahren Gefühlen gab er Raum in Gedichten. Die ersten
entstehen im Mai 1888 und tragen Titel wie ›Resignation‹, ›Der
Kampf‹, ›Das Grabmal‹, ›Die Waise‹. Seinem Tagebuch aus dieser Zeit vertraut er »traurige und ernste Gedanken« an. Die sich
in der Militärschule abzeichnende Lebenshaltung wird er beibe-
halten: Er wird seinen eigenen Weg gehen, aber unauffällig; er
wird in den Formen der Tradition leben, ohne ihnen zuzustimmen, und er wird sein Innerstes in Dichtungen aussprechen.
Nicht als Beifall heischende, in die eigenen Gefühle verliebte
Selbstentblößung, sondern in einer Haltung der Offenheit dem
Leben und der Welt gegenüber. Rilkes große Dichtungen sind

18

»Ich hätte, glaube ich, mein Leben, das, was ich jetzt, ohne es im Ganzen zu
erfassen, auf gut Glück so nennen darf, nicht verwirklichen können, wenn
ich nicht, durch Jahrzehnte, alle Erinnerungen an die fünf Jahre meiner Mi-
litärerziehung verleugnet und verdrängt hätte; ja, ich hab ich nicht alles
für diese Verdrängung getan! Es gab Zeiten, da der mindeste Einfluß aus jener abgelehnten Vergangenheit das neue fruchtbare und eigentümliche Bewußtsein, um das ich rang, zersetzt haben würde –, und ich mußte, wo er
sich etwa innerlich aufdrängte, mich über ihn hinwegheben, wie über et-

Rilkes Überzeugung, daß der Dichter unbedingt dem Ganzen der Welt zustimmen muß, schloß auch die eigene Heimatlosigkeit mit ein: »[I]m Grunde müßte man alle Sprachen schreiben, wie ja das, was Sie, begreiflicher Weise, jetzt als Klage aussprechen: diese Vaterlandslosigkeit sich auch jubelnd, in positiver Form, als eine Zugehörigkeit zum Ganzen bekennen ließe. Mein Herz und mein Geist waren von Kindheit an auf diese Welt-Ebenbürtigkeit eingerichtet, ich kann keinen Schritt zurück, und so mögen Sie begreifen, wie ich leide.«   *An Marie von Mutius, 15. Januar 1918*

die oft mühsam errungenen Ergebnisse eines vorbehaltlosen Sich-Einlassens auf das Leben, auch dann, wenn es schwer zu ertragen ist, wenn man nicht mehr siegen, sondern nur noch überstehen kann. Sie sind Versuche des Individuums, seinen Ort in einer sich rasch verändernden, unkalkulierbaren Welt zu bestimmen. Sie sind Versuche, Halt zu finden in einer Welt, in der es keine festen Orientierungspunkte mehr gibt, in der alle Sicherheiten fragwürdig geworden sind. Die Spannung zwischen Ich und Welt ist die zentrale Problematik der Moderne. Sie ist auch eines der großen Themen des Rainer Maria Rilke.

Vorerst aber ist Rainer Maria Rilke noch René Rilke. Und der ist noch kein Dichter, sondern ein gescheiterter Militärschüler, dessen weitere Schulbildung zu einer Sorge der ganzen Prager Familie wird. Zunächst beschließt man, daß René ab September 1891 den dreijährigen Kurs auf der Handelsakademie in Linz absolvieren soll. Die treibende Kraft hinter dieser Entscheidung ist Renés Onkel Jaroslav, der es als Präsident der Notariatskammer in Prag, Landtagsabgeordneter und Präsident der Aussig-Teplitzer Bahn als einziger in der Familie Rilke zu gesellschaftlichem Ansehen gebracht hat. Jaroslavs ältester Sohn Max, 1868 geboren, ist im März 1891 gestorben, der jüngere Sohn Egon (1873–1880) schon als Kind. Nach dem Verlust der eigenen Söhne liegt Jaroslav nun das Wohlergehen seines Neffen besonders am Herzen. Er besorgt ihm in Linz eine Unterkunft bei dem

was, was zu einem fremdesten, ja unkenntlichen Leben gehört. – Aber auch später noch, da ich mich im zunehmenden Eigenen schon umgebener und geschützter fand, erschien mir jene lange, weit über mein damaliges Alter hinaus, gewaltige Heimsuchung meiner Kindheit unbegreiflich –, und ich vermochte ebensowenig ihr undurchdringliches Verhängnis zu verstehen, wie das Wunder, das mich schließlich – vielleicht im letzten Moment – aus dem Abgrunde unverschuldeter Not befreien kam.«
Brief an den St. Pöltener Deutschlehrer Cäsar von Sedlakowitz, 9. Dezember 1920

Druckereibesitzer Hans Drouot und hofft, dem Jungen durch eine Ausbildung an der Handelsakademie den Weg in eine bürgerliche Existenz zu ebnen. Und wenn es denn kein kaufmännischer Beruf werden sollte, so würde nach dem erfolgreichen Abschluß des Kurses für den jungen Rilke die Möglichkeit bestehen, doch noch Offizier zu werden. Renés schulische Leistungen bleiben weiterhin so, wie alle es von ihm gewöhnt sind: ausgezeichnet. Dennoch verläßt er im Mai 1892 die Handelsakademie ohne Abschluß. Diesmal sind es allerdings nicht Krankheiten, die die familiären Pläne durchkreuzen, sondern eine Liebesaffäre. In Linz hatte René das einige Jahre ältere Kindermädchen Olga Blumauer kennen- und liebengelernt, was, als das Verhältnis der beiden entdeckt wird, zunächst die Familie Drouot und danach Josef und Jaroslav Rilke in helle Aufregung versetzt. Der telegraphisch nach Linz gerufene Josef Rilke fügt seinem Sohn eine Demütigung zu, die dieser sein Leben lang nicht vergessen sollte: In Gegenwart des Herrn Drouot auf den Knien liegend, muß René seinem Vater sein Ehrenwort geben, daß er sich niemals wieder mit der jungen Frau treffen wird. Einige Wochen später flüchten René und Olga nach Wien und quartieren sich in einem Gasthof ein. Da René jedoch die Unvorsichtigkeit begeht, sich mit vollem Namen ins Gästebuch einzutragen, wird das junge Paar kaum zwei Tage später gefunden. Mit dieser Eskapade hat der junge Rilke sich in Linz gänzlich unmöglich gemacht und wird zurück nach Prag geschickt.

Die Ausbildung des jungen Mannes entwickelt sich damit langsam zu einem echten Problem für die Familie. Jaroslav, obwohl vom Leben und von seiner Familie enttäuscht, erklärt sich ein letztes Mal bereit zu helfen. Er setzt ein Monatsgeld von 200 Gulden für seinen Neffen aus, verbindet seine Großzügigkeit aber mit sehr präzisen Forderungen: René soll zunächst das Abitur machen und danach Jura studieren, um später einmal Jaroslavs

Antwort auf den Ruf
»Die Waffen nieder!«

Es galt den edlen Männern aller
    Zeiten
als ihres Strebens schönster, höch-
    ster Lohn,
fürs Vaterland zu kämpfen und zu
    streiten
als ganzer Mann und als getreuer
    Sohn.   ...

Anwaltspraxis weiterführen zu können. Die Schuld an der miß-
lungenen Schullaufbahn des Neffen sieht Jaroslav bei Sophie
Rilke: »Renés Phantasie ist ein Erbteil seiner Mutter, und durch
ihren Einfluß, von Hause aus krankhaft angeregt, durch un-
systematisches Lesen allerhand Bücher überheizt – [ist] seine
Eitelkeit durch vorzeitiges Lob erregt.« Mit seinen abfälligen
Bemerkungen über Renés Phantasie spielt Jaroslav auf dessen
zunehmende literarische Aktivitäten an. Im September 1891 hatte das ›Interessante Blatt‹ in Wien erstmals ein Gedicht Renés
veröffentlicht. ›Die Schleppe ist nun Mode‹ – ein banales Gedicht zu einem Thema, das damals die Gemüter erregte. Zu
Ostern 1892 erschien, ebenfalls in einer Wiener Zeitschrift, das
zweite von René veröffentlichte Gedicht: ›Antwort auf den Ruf
»Die Waffen nieder«‹, in dem sich der angehende Literat gegen
das Buch Bertha von Suttners mit dem gleichen Titel wendet.
Beide Veröffentlichungen halten keinem Vergleich mit den fru-
hen Publikationen etwa von Stefan George oder Hugo von Hofmannsthal stand. Sie deuten jedoch, zusammen mit Renés intensiver Lektüre vor allem der Werke Tolstojs und der Weltge-
schichte von Schlosser, seinen eifrigen Theaterbesuchen und
dem Entstehen von einigen bis heute unveröffentlichten Erzählungen, dramatischen Szenen sowie einer Reihe von Gedichten,
die später in seinen ersten Gedichtband ›Leben und Lieder‹ aufgenommen werden, auf eine grundsätzliche Veränderung seines
Lebensziels hin. Bis zum Frühjahr 1892 erklärt er den Eltern immer wieder, daß er Offizier werden möchte. Danach aber steht
für ihn fest, daß er Dichter sein will, nichts als Dichter. Dies ist
das Ziel, das er konsequent verfolgt, während er mit dem Privat-
stipendium seines Onkels in Prag das Abitur nachholt.
   Die knapp drei Jahre zwischen dem Herbst 1892 und Juli 1895
sind für René Rilke eine Zeit angestrengter, nur von kurzen Som-
merferien unterbrochener Arbeit. René wohnt bei seiner Tante

Doch heute sind verhallt die
   Kampfeslieder,
herein bricht eine neue feige Zeit,
erbärmlich murmeln sie: »Die
   Waffen nieder,
genug, genug, wir wollen keinen
   Streit.«

Ermannet euch! Gefährten,
   Freunde, Brüder,
die ihr doch stets das Vaterland
   geliebt,
nun merket wohl: »Es giebt kein
   Waffen nieder,
weils keinen Frieden ohne Waffen
   giebt!« –   …

Gabriele, die von ihrem Mann getrennt lebt. Das Haus gehört Jaroslav Rilke. Vom frühen Morgen bis zum Mittag geben sich in der Wassergasse 15 die Privatlehrer die Klinke in die Hand, denn René muß unter anderem Latein und Griechisch für alle acht Gymnasialklassen nachholen und in jedem Semester eine Prüfung am Prag-Neustädter Deutschen Gymnasium ablegen. Am 9. Juli 1895 besteht er dort sein Abitur mit dem Prädikat »Mit Auszeichnung«.

Verglichen mit der ständigen Kontrolle, unter der er bis dahin gelebt hat, genießt der knapp Achtzehnjährige eine schier unvorstellbare Freiheit: Er wohnt bei seiner alleinstehenden Tante, die Eltern leben getrennt, Sophie Rilke ist mittlerweile nach Wien übergesiedelt, und da nach dem Tod seines Onkels Jaroslav im Dezember 1892 dessen Töchter Paula und Irene die Fortführung des Stipendiums für René übernehmen, braucht dieser sich um die absehbare Zukunft zumindest in materieller Hinsicht keine Sorgen zu machen. Und René versteht es durchaus, die Freiheiten zu nutzen, die ihm das Leben nun bietet. Kaum hat der letzte Lehrer das Haus in der Wassergasse verlassen, eilt René nach Prag-Weinberge zu Valerie von David-Rhonfeld, der Tochter eines Artillerieoffiziers, deren Onkel mütterlicherseits der angesehene tschechische Dichter Julius Zeyer ist. In Valeries elegantem und stilvoll eingerichtetem Zimmer erledigt René seine

Hausaufgaben mit sehr viel mehr Enthusiasmus als an seinem eigenen Schreibtisch. René und Valerie haben sich über Renés Kusine Gisela Mähler von Mählersheim kennengelernt und waren sogleich Feuer und Flamme füreinander. Trotz seiner regelmäßigen

9 Wassergasse (Vodičkova) Nr. 15, zweites Haus von links, wo Rilke seit Herbst 1892 bei seiner Tante Gabriele von Kutschera-Woborsky, der Schwester seines Vaters, wohnt. Im ersten Stock hat er ein kleines Zimmer zum Hof. Valerie von David-Rhonfeld beschrieb es so: »Kein Strahl Sonne drang in jenen Raum, und die Luft war durch das ewige Klopfen von großen und kleinen Teppichen aus den Vorderhäusern verpestet«.

Besuche schickt René der »geliebten Vally« beinahe täglich Liebesschwüre, Gedichte, bissige Portraits seiner Verwandten und Lehrer, aber immer wieder auch Briefe, in denen deutlich wird, daß hinter der Fassade des zukunftsfrohen jungen Gelehrten und umtriebigen Literaten die Depression lauert. René suchte emotionalen Halt und seelische Stabilisierung. Valerie bot ihm beides, genoß die ihr überschwenglich entgegengebrachte Verehrung und eignete sich

10 Valerie von David-Rhonfeld.
Pastell von F. Simon, um 1903

überdies als Projektionsfläche für seine Vorstellungen von einer bürgerlichen Lebensgemeinschaft, aber auch von einer gemeinsamen künstlerischen Tätigkeit. Daß René seine Vally mehr brauchte als liebte, zeigte sich, sobald das Abitur geschafft war und René sich anschickte, zu neuen Ufern aufzubrechen. Im Herbst 1895 beendet er die zuvor so leidenschaftliche Beziehung mit einem eher kühlen Abschiedsbrief: »Liebe Vally, Dank für das Geschenk der Freiheit, Du hast Dich groß und edel erwiesen auch in diesem schweren Augenblick, besser als ich … Und bedarfst Du je eines Freundes, – dann rufe. – Es kann Dir niemand mehr Freund sein als René.« Vally rief ihn nicht. Mehr als 30 Jahre später rächte sie sich für die erlittene Demütigung, indem sie anläßlich des Verkaufs der Briefe, die René ihr geschrieben hatte, ihre Erinnerungen an die gemeinsame Zeit zu Papier brachte und dabei andeutete, Rilke sei möglicherweise homosexuell, in jedem Fall aber unfähig zu lieben und außerdem in seiner Jugend abstoßend häßlich gewesen.

23

Nach unserer ersten Begegnung
4. Jänner [1893]

Äugelein hell und klar,
Zähnlein so fein, –
Rosenmund, Lockenhaar,
Händchen so klein;
Lachen wie Glockenklang –

siegest im Flug!
Pries ich dich noch so lang,
nie wärs genug.
Wesen so zaubervoll,
bleibt mir denn Wahl,
wie ich dich nennen soll? –
Ein Ideal!
Für Valerie von David-Rhonfeld

Das Ausmaß von Valeries Verbitterung mag unangemessen sein, ganz unverständlich ist es gleichwohl nicht. Schließlich war neben seiner Mutter vor allem sie es, die René während seiner letzten in Prag verbrachten Jahre in seinen literarischen Aktivitäten bestärkte und ermutigte. Sie übernahm auch einen Teil der Druckkosten für Renés ersten Gedichtband ›Leben und Lieder‹, der im Herbst 1894 bei G. L. Kattentidt in Straßburg erschien. Die Gedichte verraten, daß der junge Rilke die sprachlichen Mittel, die er später zu nie gekannter Perfektion entwickeln wird – Alliteration, Binnenreim, Assonanz, Enjambement usw. – zwar schon kennt, sie aber noch keinesfalls gezielt einzusetzen versteht. Die Stimmung der Texte – wie ihres Autors – schwankt zwischen Grandiosität und Depression, zwischen Sehnsucht nach der Geliebten und Trauer über ihren Verlust. Thematisch wechseln sich gefühlsselige Naturimpressionen ab mit altkluger Aphoristik und melodramatischen Balladen von Liebe, Leid und Tod. Eine eigene Perspektive des Dichters auf seine Themen läßt sich noch nicht erkennen, ebensowenig ein authentisches Erleben, und so kann es nicht verwundern, daß Rilke später seinen Erstling von jedem Neudruck ausschloß.

Es ist beeindruckend, mit welcher Beharrlichkeit und Geschäftstüchtigkeit derselbe Rilke, der sich später so weit abseits des Literaturbetriebs halten wird, wie es nur eben geht, sich in den Jahren vor seinem Weggang nach München bemüht, seinen Namen in der Prager Literatenszene bekannt zu machen. Er wendet sich an den Autor Franz Keim, an die Literaturprofessoren Alfred Klaar und August Sauer und, außerhalb der Grenzen der Donaumonarchie, an den Berliner Schriftsteller und Redakteur Ludwig

24

11 Rilke als Abiturient in Prag,
um 1894

Jacobowski, um Unterstützung bei der Veröffentlichung seiner Gedichte zu erhalten. Er pflegt den Kontakt zu Julius Zeyer noch während der Trennungsphase von Valerie, wird Mitglied in der »Concordia«, einem Verein deutscher Schriftsteller und Künstler in Böhmen, ebenso wie im »Verein Deutscher Bildender Künstler in Böhmen«. Dort pflegt er freundschaftliche Verbindungen mit den Grafikern Emil Orlik und Hugo Steiner, dem Schriftsteller und Schauspieler Rudolf Christoph Jenny, dem Maler Karl Krattner und anderen. Das gegenseitige Lob, das man sich in diesen Künstlervereinen bereitwillig spendete, tat dem nach Selbstbestätigung hungernden René Rilke gut, und der sich erweiternde Kreis von Zeitschriften, die seine Gedichte veröffentlichten, bewies ihm, daß seine Werbung in eigener Sache erfolgreich war. Doch auf die Dauer war ihm die lokale Anerkennung allein nicht genug, das geben seine Aktivitäten nach dem Beginn seines Studiums deutlich zu erkennen. Zum Wintersemester 1895 schreibt sich Rilke an der Deutschen Carl-Ferdinands-Universität in Prag für Kunstgeschichte, Literaturgeschichte und Philosophie ein. Seinen Umgang sucht er aber konsequenter denn je unter Literaten, Theaterleuten und Künstlern.

Daß Rilke bei allem Aktionismus dennoch Fortschritte als Dichter machte, zeigt sein zu Weihnachten 1895 erschienener zweiter Gedichtband ›Larenopfer‹. Der Titel symbolisiert die Volks- und Heimatverbundenheit der Texte: Wie die Römer den Laren, den Schutzgöttern der Familie und der Feldflur, opferten, so bringt der Dichter seiner Vaterstadt Prag, der böhmischen Heimat und dem böhmischen Volk seine Werke als Gabe dar. Sprachlich und stilistisch stellt ›Larenopfer‹ eine entscheidende Weiterentwicklung dar. Die technische Eleganz hat zugenommen, Rilkes Sprache wird geschmeidiger. Auffallend ist vor allem die Neigung, mehrere Endsilben zu reimen, im Reim ungewöhnliche Lautkombinationen zu suchen – etwa fremd-

25

Die **Prager Universität** wurde 1348 von Kaiser Karl IV. gegründet. Ihr Sitz war das Karolinum. Sie war die erste Universität im alten Deutschen Reich. Im Jahr 1882 wurde sie in eine deutsche und eine tschechische Anstalt geteilt. Die deutschen Studenten betraten das Gebäude über die Eisengasse, die tschechischen durch den Eingang am Obstmarkt. Zu Rilkes Studienzeit lehrte hier der spätere erste Staatspräsident der Tschechoslowakei, Tomáš Garrigue Masaryk. Der neben Rilke wohl bekannteste Prager Student um die Jahrhundertwende ist Franz Kafka, der von 1901 bis 1906 am Rechts- und Staatswissenschaftlichen Seminar arbeitete.

sprachige Worte als Reime zu verwenden – und die Betonung im Enjambement der fließenden Melodie einzuordnen. Bezeichnend für den Gedichtband ist Rilkes Griff in die Realität, vor allem in den Schilderungen Prags, die mehr als ein Drittel der Texte ausmachen, ferner in den Gedichten, die historische Gestalten oder zeitgenössische Künstler besingen. Auch der Alltag der ›kleinen Leute‹, der Arbeiter ›Hinter Smichov‹ ist vertreten:

Hin gehn durch heißes Abendrot
aus den Fabriken Männer, Dirnen, –
auf ihre niedern, dumpfen Stirnen
schrieb sich mit Schweiß und Ruß die Not.

Die Mienen sind verstumpft; es brach
das Auge. Schwer durchschlürft die Sohle
den Weg, und Staub zieht und Gejohle
wie das Verhängnis ihnen nach.

Der Versuch zeigt, in welch bescheidenem Ausmaß Rilke in der Lage war, seine Distanz zu den Außenseitern der Gesellschaft aufzugeben, und wie gering sein Interesse, soziale Mißstände aufzuzeigen. Rilke hatte geradezu eine Abneigung dagegen, individuelle Schicksale als gesellschaftlich bedingte wahrzunehmen. Das gilt nicht nur für den Rilke der ›Larenopfer‹, sondern

auch für seine Darstellung von Armut im ›Stunden-Buch‹, in den ›Aufzeichnungen des Malte Laurids Brigge‹, im ›Brief des jungen Arbeiters‹ und in brieflichen Äußerungen. Rilkes literarische Solidarisierungsversuche mit den Armen und Entrechteten – sein ›Wegwarten‹-Projekt und seine Versuche im Genre des naturalistischen Dramas – waren denn auch durchweg von kurzlebiger Natur.

Das erste Heft der ›Wegwarten‹, im Untertitel »Lieder, dem Volke geschenkt«, wird von Rilke kurz nach dem Erscheinen der ›Larenopfer‹ zusammengestellt und enthält 21 Gedichte. Rilke verschenkt die Hefte an Krankenhäuser, Volks- und Handwerkervereine in der idealistischen Absicht, den armen Leuten die Dichtung näherzubringen. Die Idee war nicht neu. Rilke selbst hatte in einer seiner ersten Rezensionen die ›Sonnenblumen‹ genannten lyrischen Flugblätter des sozialdemokratischen Schweizer Dichters Karl Henckell vorgestellt, die zwar nicht kostenlos verteilt wurden, aber doch so billig waren, daß jedermann sie kaufen konnte. Das zweite Heft der ›Wegwarten‹ erscheint im April 1896 und enthält Rilkes einaktiges Drama ›Jetzt und in der Stunde unseres Absterbens‹, das wenige Monate später am Prager Deutschen Volkstheater uraufgeführt wird. Gemeinsam mit dem Dresdener Schriftsteller Bodo Wildberg gibt Rilke dann noch ein drittes Heft heraus, das Beiträge von insgesamt 13 Schriftstellern versammelt, deren Namen die literarischen Beziehungen von Rilkes Prager Zeit spiegeln. Zu diesem Zeitpunkt, im Oktober 1896, sind die ›Wegwarten‹ allerdings schon nicht mehr für die Armenstuben gedacht. Wildberg hat Rilke inzwischen für die Idee eines Dichterbundes begeistert, der die jungen Schriftsteller Prags vereinen und auch jenseits von Prag und Böhmen Gleichgesinnte aufnehmen soll. Die ›Wegwarten‹ waren als Zentralorgan des Bundes vorgesehen, dessen Mitgliedern unter anderem die Aufgabe obliegen sollte,

◀ 12   Prag. Blick auf die Moldau bei der Karlsbrücke, im Hintergrund die Burg, der Hradschin. Kolorierter Stahlstich von Albert Henry Payne (1812–1902) nach einem Gemälde von H. Bibby, um 1850

das Heft zu verbreiten. Naturalistische Milieuschilderungen stehen freilich nicht mehr auf dem Programm, vielmehr ist nun reine Stimmungslyrik angesagt. Zur formellen Gründung des Bundes kommt es nicht, ebensowenig wie zu einem weiteren Heft der ›Wegwarten‹. Rilke plant zwar ein viertes Heft, für das er unter anderem die von ihm kurzzeitig als »Baronesse« angeschwärmte, literarisch kaum in Erscheinung getretene Láska van Oestéren gewinnen will. Nach seiner Übersiedlung nach München okkupieren ihn jedoch sehr schnell andere Pläne, zu denen Dichterbünde und Vereinsorgane nicht mehr passen.

Als Dramatiker ist Rilke kaum bekannt, und doch stammen immerhin 14 Dramen bzw. »Spiele« oder »Szenen« aus seiner Feder. Ein ausgewachsenes Drama im Sinne der Dramentradition findet sich allerdings nicht in Rilkes dramatischem Werk. ›Das tägliche Leben‹, 1900 in Berlin-Schmargendorf geschrieben, umfaßt zwei Akte und das längste seiner Dramen, ›Im Frühfrost‹, drei Vorhänge. Rilke verfügte über kein originäres Talent als Stückeschreiber, und so eiferte er nacheinander drei verschiedenen Vorbildern nach. Seine beiden monologisierenden Psychodramen ›Murillo‹ und ›Die Hochzeitsmenuett‹, beide 1895 veröffentlicht, lehnen sich an die Psychodramen des heute kaum mehr bekannten Richard von Meerheimb an. In seinem letzten Prager Jahr versuchte sich Rilke dann hauptsächlich als naturalistischer Dramatiker im Stil Gerhart Hauptmanns. ›Jetzt und in der Stunde unseres Absterbens‹, eine schaurige Geschichte um Armut, Krankheit, Tod und Inzest, wurde im August 1896 in Prag aufgeführt und fiel bei der Kritik durch. Wohlwollend aufgenommen wurde dagegen ein Jahr später ›Im Frühfrost‹, Rilkes vielleicht beachtlichste Leistung auf dramatischem Gebiet. Rilke hatte sein Stück mit Briefen an den erfolgreichen Dramatiker Max Halbe, an den Theaterverlag Dr. O. F. Eirich in Wien sowie an Rudolf Christoph Jenny allerdings auch geschickt

28

Im dritten Heft der ›Wegwarten‹
versammelte Schriftsteller:

Gustav Falke	Ludwig Jacobowski
Prinz Schönaich-Carolath	Christian Morgenstern
Wilhelm Arent	Friedrich Werner van Oestéren
Hans Benzmann	Hermione von Preuschen
Martin Boelitz	

ins Gespräch gebracht. Er selbst war bei der Uraufführung seines Stückes nicht anwesend, sondern hielt sich zu dieser Zeit mit Lou Andreas-Salomé in Wolfratshausen auf, wo aus »René Rilke« »Rainer Maria Rilke« wurde.

Eine dritte Gruppe von Rilkes Stücken, zu der etwa ›Mütterchen‹ (1896/1897), ›Das tägliche Leben‹ (1900) und die lyrischdramatische Szene ›Die weiße Fürstin‹ (1898/1904) gehören, sind stark von den Dramen des Belgiers Maurice Maeterlinck beeinflußt. Thematisch kreisen alle Stücke Rilkes um Liebe und Tod, mal das eine, mal das andere in den Vordergrund rückend oder, wie in ›Die weiße Fürstin‹, beides verbindend. Auch wenn keines von Rilkes Stücken zu überzeugen vermag, so sind sie werkimmanent doch recht aufschlußreich. In seinen späteren Stücken gewinnen die Pausen, das Schweigen, die Gesten zunehmend an Bedeutung; Atmosphäre und Stimmung scheinen dem Lyriker Rilke wichtiger als die Charaktere, und die handlungsauslösenden Kräfte werden meist verschwiegen, gelegentlich angedeutet, aber nie ausgesprochen. Die Motive für eine solche Darstellungsweise liegen in einem tiefen Mißtrauen gegenüber der Sprache. Die Überzeugung, daß sich die wesentlichen Erfahrungen des Lebens sprachlich nicht vermitteln lassen – Grundlage der Vorstellung vom »Weltinnenraum« im Spätwerk –, teilte Rilke mit Maeterlinck, aber auch mit dem von ihm so sehr geschätzten Dänen Jens Peter Jacobsen.

In kürzester Zeit lernt der junge Rilke, sich in den Prager Literaten- und Künstlerkreisen zu bewegen, brieflich, persönlich und mit gegenseitigen Gefälligkeitsbesprechungen Verbindungen zu knüpfen und zu nutzen. Ende 1896 ist er in seiner Heimatstadt immerhin bekannt genug, um einen Vortragsabend zugunsten des viel älteren, in arge finanzielle Bedrängnis geratenen Dichters Detlev von Liliencron »materiell und ideal« zum Erfolg zu führen, wie er seinem Freund Wilhelm von Scholz selbstzu-

13 Rilke 1896, Karikatur seines Freundes Emil Orlik. Orlik illustrierte einzelne Frühwerke Rilkes.

frieden berichtet. Alles, was er sich vornimmt, scheint dem jungen Dichter zu gelingen, und die wenigen Fehlschläge, die er zu verkraften hat – etwa der gescheiterte Plan, eine österreichische Separatausgabe zu G. L. Kattentidts Zeitschrift ›Jung-Deutschland und Jung-Elsaß‹ herauszubringen – vermögen seinen Tatendrang nicht zu dämpfen. Aber irgendwann in seinem letzten Prager Jahr überschreitet René Rilke die Grenzlinie zwischen Aktivität und Aktivismus. Er wird ruhelos. Er steht mitten im literarischen Leben, aber eine innere Mitte hat er nicht. Seine Abneigung gegen das offizielle Kulturleben Prags wächst und verbindet sich mit einer zunehmenden Antipathie gegen alles Österreichische. Die Bindungen an die Familie sind locker, aber sie sind eine Last. Abhängig von der finanziellen Unterstützung durch seine Kusinen, fühlt sich René gezwungen, Kompromisse einzugehen und sich immer wieder in eine Familie hineinzubegeben, die ihm keine Heimat ist und die ihn mit ihren kleinbürgerlichen Erwartungen so bedrängt, daß er sie in seiner Erzählung ›Das Familienfest‹ und im ersten Teil des ›Ewald Tragy‹ als ebenso lächerlich wie despotisch vorstellen wird. Überdies lebt seine Mutter wieder in Prag, deren Einmischungen in sein Leben für ihn zu einer wahren Heimsuchung werden. Er hat zahlreiche Bekannte, aber keine Freunde. Er schwärmt für Láska van Oestéren, kurz darauf für die Schauspielerin Jenny Carsen, ohne daß er sich selbst darüber klar wäre, was er von diesen Frauen erwartet. Er unternimmt planlose Reisen nach Budapest, Wien, Ischl und Dresden und kehrt danach in seine Heimatstadt zurück, wo er auf Schritt und Tritt an seine Kindheit erinnert wird. Schließlich macht er eine letzte Konzession an die Erwartungen seiner Familie und schreibt sich zum Sommersemester 1896 als Hörer in der Rechts- und Staatswissenschaftlichen Fakultät ein. Im September aber ist dann die Entscheidung gefallen: René Rilke siedelt nach München über.

»Ja, ›warum Prag eigentlich eine so düstere Stadt ist‹? … Man hat mich dort eine Kindheit hinbringen lassen, die so merkwürdig eingerichtet war, als sollte gar kein Leben auf sie folgen. … Hätte es einen Menschen gegeben …, der mich unterrichtet hätte, wie man es macht, mit einem Buch gut allein zu sein, welche Liebe, welchen Segen hätte ich jetzt für ihn in meinem Herzen. … Es ist kein Zweifel, daß alle diese Perioden schweren Unbeschäftigtseins, die meine Nerven mir bereiten, auf die Leere zurückgehen, die damals angelegt wurde. *An Sidonie Nádherný von Borutin, 8. März 1912*

München, Berlin und Rußland

Ich kann Ihnen nicht unsere damaligen österreichischen Verhältnis-
se schildern, die (rechnet man die verhängnisvolle Falschheit und
Beirrtheit der achtziger Jahre hinzu) so in sich aufgegebene und
abgestorbene gewesen sein müssen, daß mein Instinkt mir sagte, es
sei, von ihnen aus, ein Hinein- und Hinüberwachsen in das, was
das Leben scheinbar mit mir meinte, ein auch noch für die
ringendste Kraft ganz und gar Unmögliches.

An Rudolf Bodländer, 13. März 1922

Das Vaterland, in das Rilke hineingeboren wurde, war im Zeitalter der Nationalstaaten ein Anachronismus. Die Habsburger Doppelmonarchie Österreich-Ungarn, k. u. k., umfaßte das gesamte Gebiet von vier Staaten der Gegenwart, Österreichs, Tschechiens, der Slowakei und Ungarns, dazu beträchtliche Teile des ehemaligen Jugoslawien, Rumäniens und Polens sowie kleinere Gebiete des heutigen Italien und der ehemaligen Sowjetunion. Nicht nur seiner territorialen Ausdehnung nach, auch ökonomisch und politisch war Österreich-Ungarn eine Großmacht, weil sich auch hier die durch die industrielle Revolution überall in Europa bewirkten Strukturveränderungen durchzusetzen begannen: Herausbildung der Monopole, Entstehung des Finanzkapitals, Bedeutung des Kapitalexports. Aber der Wohlstand war äußerst ungleich verteilt. Teile Böhmens, Mährens und Schlesiens, die Obersteiermark sowie Wien und das Wiener Becken verwandelten sich bis zum Kriegsbeginn 1914 in hochindustrialisierte Regionen, während Galizien, die Bukowina, die Slowakei, Siebenbürgen, Kroatien, Bosnien und weite Gebiete der ungarischen Tiefebene völlig unterentwickelt blieben. Die großen regionalen Unterschiede wurden zu einem hoch-

———————————————————————————————— 31

Der Italienisch-Österreichische Krieg: Im Jahr 1866 schließt Italien ein Militärbündnis mit Preußen gegen Österreich. Nach österreichischen Siegen bei Custozza und Lissa fällt dank französischer Unterstützung und preußischer Siege in Böhmen im Oktober 1866 Venetien an Italien (Friede von Wien), das seinerseits auf Südtirol und Istrien verzichtet. Die von Otto von Bismarck durchgesetzten Friedensverträge ermöglichen Preußen die Annektion aller gegnerischen deutschen Fürstentümer nördlich der Mainlinie außer Sachsen und Hessen-Darmstadt sowie die Bildung des Norddeutschen Bundes (1866 / 1867).

explosiven Sprengstoff durch den Charakter der Donaumonarchie als Vielvölkerstaat, in dem schärfste nationale Widersprüche existierten. In der zweiten Hälfte des 19. Jahrhunderts begannen die kleineren Völker in der Donaumonarchie – Tschechen, Polen, Magyaren, Kroaten und Südslawen – ihren Anspruch auf kulturelle Selbstverwirklichung und eine größere politische Unabhängigkeit geltend zu machen. Nach der Niederlage im Italienisch-Österreichischen Krieg von 1866 willigte Kaiser Franz Joseph schließlich in den von Ungarn geforderten Ausgleich ein, der faktisch zwei selbständige Staatsgebilde schuf und die Monarchie in zwei ungleiche Hälften teilte: in das Königreich Ungarn und Österreich mit allen übrigen Gebieten. Außen-, Finanz- und Heerespolitik wurden weiterhin von Österreich und Ungarn gemeinsam gestaltet, in allen anderen Bereichen – Gesetzgebung, Innen-, Justiz- und Finanzpolitik, Ackerbau, Landesverteidigung, Handel und Gewerbe, Kultus und Unterricht – waren die zwei Staaten voneinander völlig unabhängig. Von der nationalen Gleichberechtigung, die in der Verfassung feierlich verkündet wurde, war in der Realität allerdings wenig zu bemerken. Die beiden herrschenden Nationen, das deutsche und das magyarische »Staatsvolk«, genossen ökonomische wie politische Privilegien und hielten die nationalen Bestrebungen der anderen Völkerschaften nieder. Franz Joseph I. hielt fortan mit Unterstützung des Heeres und der Bürokratie seinen Vielvölkerstaat zusammen, setzte aber keine grundlegenden Reformen der autoritären, obrigkeitsstaatlichen Strukturen durch. Diejenigen Bevölkerungsschichten, die am steigenden Wohlstand, an der relativen politischen Freiheit und Rechtssicherheit der Doppelmonarchie teilhatten, wurden in ihrer individuellen Lebensgestaltung kaum behindert. Sie lebten in einem Gefühl der Beständigkeit und Sicherheit, das bis heute fortwirkt in der nostalgischen Verklärung der »kleinen Welt, in der die

»Subtil versteckt war die einseitige Hegemonie im berühmten Artikel 19 des Staatsgrundgesetzes vom 21. Dezember 1867 über die allgemeinen Rechte der Staatsbürger, der zwar die ›Gleichberechtigung aller landesüblichen Sprachen in Schule, Amt und öffentlichem Leben ...‹ anerkannte, diese Gleichheit aber im letzten Absatz indirekt wieder aufhob, wonach ›in den Ländern, in welchen mehrere Volksstämme wohnen, die öffentlichen Unterrichtsanstalten derart eingerichtet sein [sollen], daß ohne Anwendung eines Zwanges zur Erlernung einer zweiten Landessprache jeder dieser Volksstämme die erforderlichen

große ihre Probe hält« (Friedrich Hebbel), mit Wien als Zentrum, mit Burgtheater, ›Kaiserwalzer‹ und ›G'schichten aus dem Wiener Wald‹, und einem Kaiser, der in majestätischer Würde über allem und allen steht. Diejenigen aber, die aufgrund ihrer Nationalität oder ihrer sozialen Stellung nicht zu den Privilegierten gehörten, bekamen meist nur die unangenehme Seite dieses merkwürdigen Staatsgebildes zu spüren: einen bürokratisch legitimierten, durch gepflegte Umgangsformen gelinderten, bisweilen aber offen brutalen Despotismus – das, was Viktor Adler, Gründer der österreichischen Sozialdemokratie, »Absolutismus gemildert durch Schlamperei« nannte.

14 Franz Joseph I., Kaiser von Österreich (1848–1916) und König von Ungarn (1867–1916). Gemälde von Franz Xaver Winterhalter (1805–1873), um 1864. Wien, Hofburg

Den denkbar größten Kontrast zur überlebten politischen Verfassung und gesellschaftlichen Struktur der Doppelmonarchie bildet das grandiose Aufblühen von Architektur, Malerei, Plastik, Literatur, Musik, Kunsthandwerk und Wissenschaft um die Jahrhundertwende. Otto Wagners Bauten, Gustav Mahlers Sinfonien, Oskar Kokoschkas Gemälde, Sigmund Freuds Erkenntnisse über die menschliche Psyche, Karl Kraus' scharfsinnige Polemiken, Hugo von Hofmannsthals Dichtungen, Arthur Schnitzlers Dramen – das alles war fortschrittlich, zukunftswei-

Mittel zur Ausbildung in seiner Sprache erhält‹. ... Tatsächlich aber wurden die Deutschen weder dazu angehalten, die Sprache eines solchen ... ›Bedienstetenvolkes‹ wie der Tschechen zu lernen, noch waren sie dazu bereit. Die nichtdeutschen Nationalitäten hatten jedoch keine Aussicht, sich im öffentlichen Leben durchzusetzen, wenn sie nicht die deutsche Sprache beherrschten. So trug der Artikel 19 auf seine Weise dazu bei, die Vormachtstellung der Deutsch-Österreicher zu stärken.« *Hans Hautmann, »Blutgemütliches Etwas«, in: ›Fin de siècle. Hundert Jahre Jahrhundertwende‹, 1988*

15 Die Heiden. Gemälde von Oskar Kokoschka, 1918. Köln, Museum Ludwig

send, eine bleibende Bereicherung der europäischen Kultur. Und vermutlich waren es gerade die Spannungen und Widersprüche einer facettenreichen Gesellschaft, die diese Leistungen möglich gemacht haben – aus einer Haltung der Abgrenzung oder kritischen Distanz zu den gesellschaftlichen Normen heraus, selten im Gefühl der Übereinstimmung mit ihnen.

Rilkes Geburtsstadt Prag war durchaus nicht immer das Zentrum der gesellschaftlichen Konflikte der Donaumonarchie. Das Zusammenleben von Tschechen und Deutschen verlief in der nach Wien und Budapest drittgrößten Stadt Österreich-Ungarns lange Zeit recht problemlos. Bis etwa 1850 überwog in Prag die deutsche Bevölkerung; durch den Zustrom tschechischer Arbeiter in die Industriegebiete Prags wuchs die Stadt von 300 000 Einwohnern in den achtziger Jahren bis 1900 auf rund 450 000 Einwohner an. Die Deutschen wurden zahlenmäßig zu einer Minderheit, bildeten aber nach wie vor das kulturelle, wirt-

»Rang und internationale Bedeutung der bildenden Kunst und Architektur im Wien der Jahrhundertwende ist von Namen wie Klimt, Loss, Olbrich, Wagner und Hoffmann bestimmt; von Kritikern wie Hermann Bahr und Ludwig Hevesi; von der Zeitschrift *Ver Sacrum* oder der Secession mit ihren Ausstellungen. Schon im Januar 1898 hatten sich die bildenden Künstler Österreichs, d.h. die um Gustav Klimt, im *Ver Sacrum* ein eigenes Organ geschaffen. … Mehr noch als die Zeitschrift *Ver Sacrum* war es die Winer Secession, die … zum sichtbaren Symbol eines neuen Kunstwillens wurde. Sie

schaftliche und politische Establishment: »Das waren fast aus-
schließlich Großbürger, Besitzer der Braunkohlengruben, Ver-
waltungsräte der Montanunternehmungen und der Skodaschen
Waffenfabrik, Hopfenhändler, die zwischen Saaz und Norda-
merika hin und her fuhren, Zucker-, Textil- und Papierfabrikan-
ten sowie Bankdirektoren; in ihrem Kreis verkehrten Professo-
ren, höhere Offiziere und Staatsbeamte. Ein deutsches Proletari-
at gab es kaum. Die 25 000 Deutschen, nur 5 Prozent der Bewoh-
nerschaft Prags, besaßen zwei prunkvolle Theater, ein riesiges
Konzertgebäude, zwei Hochschulen, fünf Gymnasien und vier
Oberrealschulen, zwei Tageszeitungen, die morgens und
abends erschienen, große Vereinsgebäude und ein reges Gesell-
schaftsleben.« (Egon Erwin Kisch)
Unter der Isolation der deutschen Minderheit in Prag, die keine Kontakte zur slawischen Umwelt unterhielt und auch von
den eigentlichen deutschsprachigen Ländern abgeschnitten war,
begannen als erstes die Künstler zu leiden, die zunehmend das
Gefühl hatten, in einem luftleeren Raum zu leben. Vor allem die
Schriftsteller – etwa Franz Kafka, Egon Erwin Kisch und Franz
Werfel – gerieten angesichts der Starrheit und Sterilität ihrer
Muttersprache in Selbstzweifel. Die deutschen Schriftsteller
Prags schienen, wie Fritz Mauthner klagte, »keine rechte Muttersprache« zu haben. Gegenüber seinem langjährigen Förderer
August Sauer betont Rilke – bezeichnenderweise in einem Satz,
dessen Syntax und Metaphorik ihm aus der Kontrolle gerät –,
daß es für ihn unbedingt erforderlich war, sich aus der Enge
Prags zu befreien, um seine eigene Sprache zu finden: »Die un-
selige Berührung von Sprachkörpern, die sich gegenseitig un-
bekömmlich sind, hat ja in unseren Ländern dieses fortwähren-
de Schlechtwerden der Sprachränder zur Folge, aus dem sich
weiter herausstellt, daß, wer etwa in Prag aufgewachsen ist, von
früh auf mit so verdorbenen Sprachabfällen unterhalten wurde,

hatte – 1897 gegründet – im Frühjahr 1898 ihre erste, überwältigend erfolgrei-
che, auch von Kaiser Franz Joseph besuchte Ausstellung durchgeführt. 57 000
Menschen hatten sich die Werke der neuen Künstler angesehen. Noch im
selben Jahr … wurde ihr eigenes, von Joseph Maria Olbrich, dem Schüler Otto Wagners, errichtetes Gebäude eröffnet. Die Inschrift für das ›Weiße Haus
an der Wien‹ formulierte der Kunstkritiker Ludwig Hevesi: ›Der Zeit ihre
Kunst, der Kunst ihre Freiheit‹.« *Gotthard Wunberg (Hrsg.), ›Die Wiener
Moderne. Literatur, Kunst und Musik zwischen 1890 und 1910‹, 1981*

daß er später für alles Zeitigste und Zärtlichste, was ihm ist bei-
gebracht worden, eine Abneigung, ja eine Art Scham zu entwickeln sich nicht verwehren kann.« (Brief vom 11. Januar 1914)

2

Von den drei Zentren der Moderne im deutschen Sprachraum –
Wien, Berlin und München – entschied sich Rilke nach seinem
Abschied von Prag zunächst für das am wenigsten zu Extremen
neigende. Doch auch München war für den an die Übersicht-
lichkeit und Berechenbarkeit des Prager Kulturlebens gewöhn-
ten Zwanzigjährigen noch verwirrend genug. Da standen in der
literarischen Szene die Produzenten seichter Unterhaltungslite-
ratur den Naturalisten gegenüber, innovative Lyriker wie etwa
Stefan George, Hugo von Hofmannsthal, Richard von Schaukal
und Otto Julius Bierbaum wurden als »Neutöner« lächerlich gemacht, im Theater feierten zwar Gerhart Hauptmann und Hermann Sudermann Triumphe, und Frank Wedekind provozierte
das Establishment, daneben wurden aber auch mit großem Erfolg Dramatiker gespielt, die heute nur noch der Vollständig-
keit halber in Literaturgeschichten Erwähnung finden, wie etwa
Georg Hirschfeld oder Ernst von Wildenbruch. Und unter den
großen deutschen Prosaisten zeichnete sich am Ende des letzten
Jahrhunderts ein Generationswechsel ab, der auch in München
heftig diskutiert wurde: Wilhelm Raabe und Theodor Fontane
veröffentlichten ihre Alterswerke, während Thomas Mann und
Hermann Hesse gerade begannen, sich ihren Platz in der Reihe
der prominenten europäischen Erzähler zu erkämpfen.

In seinen ersten Münchner Monaten genießt Rilke das Studentenleben fern der Heimat. Er bewohnt zunächst zwei Zimmer im
Erdgeschoß der Briennerstraße 48, zieht dann Anfang 1897 in die

36

Detlev von Liliencron (1844–1909),
Dichter. Er nahm als preußischer
Offizier an den Feldzügen von 1866
und 1870/1871 teil, war später Ver-
waltungsbeamter und Kirchspiel-
vogt in Kellinghusen. In seinen Gedichten hält er Augenblicksstim-
mungen fest. Daneben schrieb er
Novellen, Romane und Schauspiele.

Ludwig Ganghofer (1855–1920),
Erzähler, der in seinen Unter-
haltungsromanen vor allem die
Menschen und die Landschaft in
Oberbayern darstellte. Zahlreiche
von Ganghofers Romanen, etwa
›Das Schweigen im Walde‹ von 1899,
wurden verfilmt.

Blüthenstraße um, die näher zum Künstlerviertel Schwabing liegt. Sein Vater gewährt ihm ein »Monatsgeld«, Jaroslavs Töchter Paula und Irene von Rilke zahlen widerwillig, aber regelmäßig die Unterstützung weiter, die dazu dienen soll, die Ausbildung ihres Cousins zum Juristen zu finanzieren. Dieser jedoch hat gänzlich anderes im Sinn. Er schreibt sich in München als Student der Philosophie ein, hört Vorlesungen über die »Geschichte der bildenden Künste im Zeitalter der Renaissance«, über Ästhetik und die Darwinsche Theorie. Er veröffentlicht kontinuierlich Gedichte in verschiedenen, zunehmend auch überregionalen Zeitschriften und knüpft neue Kontakte. Mit den Autoren der älteren Generation – Liliencron, Ludwig Ganghofer und Richard Dehmel – tritt Rilke vor allem brieflich in Verbindung. Die Gleichaltrigen trifft er an der Universität, im Café Luitpold, im Theater oder auf den diversen Zusammenkünften der Kulturschickeria, die in Schwabing fast täglich stattfinden. Zu seinem Münchner Bekanntenkreis gehören sein Prager Freund Emil Orlik, der junge Komponist Oskar Fried, Láska van Oestérens Bruder Werner, die Fotografin Mathilde Nora Goudstikker, die zusammen mit ihrer Schwester das für seine ausgezeichneten Portraitaufnahmen bekannte Atelier Elvira betrieb, und Franziska (»Fanny«) von Reventlow, eine norddeutsche Adlige, die sich nach der Flucht aus Elternhaus und Ehe als Schriftstellerin durchschlägt, ein Kind hat, dessen Vater sie hartnäckig verschweigt, und die einen selbst für Schwabinger Künstlerkreise ungewöhnlich zügellosen Lebenswandel führt.

Rilke ist ständig auf der Suche nach neuen Menschen, nach neuen Eindrücken. Er vertieft sich in die Schriften des Spiritisten Carl du Prel, schreibt Gedichte, dramatische Szenen, Buchbesprechungen, versorgt die Daheimgebliebenen in Prag mit den neuesten Münchner Klatschgeschichten. Das ist die eine Seite von Rilkes Münchner Studentenzeit. Es gibt aber noch eine

Emil Orlik (1870–1932), Maler und Graphiker. Er schuf Bildnisradierungen, Farbholzschnitte und vieles andere mehr. Seit 1905 war Orlik Professor an der Kunstgewerbeschule in Berlin, wo er auch für die Reinhardt-Bühnen arbeitete.

Oskar Fried (1871–1941), Komponist und Dirigent. Nach schwierigen Anfängen erregte er 1904 mit ›Trunkenes Lied‹ solches Aufsehen, daß er als einer der Protagonisten der modernen Musik gefeiert wurde. Eine Etablierung gelang ihm jedoch nicht, und so emigrierte er 1934 als Opernkapellmeister nach Tiflis.

andere. Denn der junge Rilke hat aus Prag nicht nur sein dichterisches Talent, seine Begeisterungsfähigkeit und seinen Tatendrang mitgebracht, sondern auch die Selbstzweifel, die Depressionen und die Sehnsucht nach innerer Ruhe. Das turbulente Leben der Schwabinger Künstlerszene mag verlockend für den jungen Mann sein, aber die Boheme eignet sich für ihn nicht als Lebensform. Die künstlerischen Richtungen, die er in München kennenlernt, sind vielfältig, aber Rilke vermeidet es, sich einer von ihnen anzuschließen. Die Kunst entwickelt sich für ihn mehr und mehr zum Medium der Befreiung seines Selbst, und die läßt sich nicht mit der Unterordnung unter Gruppeninteressen vereinbaren. Rilke ringt um einen lyrischen Ausdruck für seine Sehnsucht nach menschlicher und künstlerischer Freiheit. Aber meist bleibt es – etwa im ›Gedicht für Carl du Prel‹ – bei der pathetischen Formulierung der Sehnsucht. Symptomatisch für den Seelenzustand des jungen Dichters ist sein im Dezember 1896 erschienener dritter Gedichtband ›Traumgekrönt‹. Hatte sich Rilke zuvor, in den ›Larenopfern‹, stark der Außenwelt zugewandt, so zieht er sich mit dieser neuen Sammlung ganz in sich selbst zurück und stilisiert die eigenen romantischen Gefühle zum Mittelpunkt des Universums. Das lyrische Ich der ›Traumgekrönt‹-Gedichte bleibt ungreifbar, scheint seinen eigenen Gefühlsschwankungen hilflos ausgeliefert und ersetzt den dichterischen Zugriff auf die Wirklichkeit durch die Träume von der eigenen Großartigkeit und des Auserwähltseins.

Rilke wußte, daß er seinen eigenen Weg als Mensch und Dichter noch nicht gefunden hatte. Im zweiten Teil des ›Ewald Tragy‹ beschreibt er die Konflikte seiner ersten Münchner Zeit. Tragy, der Suchende, bedarf der unnachsichtigen Kritik des Schriftstellers Thalmann, für den Dichtung Arbeit bedeutet, um sich von seiner selbstgerechten Egozentrik zu befreien. Hinter der Figur des Thalmann im ›Ewald Tragy‹ verbirgt sich Jakob

Gedicht für Carl du Prel

Ich kam aus blassen Fernen
ins dämmernde Geheg,
und zu den blassen Sternen
führt Sehnsucht mich den Weg.

Ob keiner von den Andern
mein weites Ziel begreift,
ich singe still im Wandern,
und – meine Seele reift.

München, 17. Januar 1897

Wenn das Volk, das drohnenträge,
trabt den altvertrauten Trott,
möcht ich weiße Wandelwege
wallen durch das Duftgehege
ernst und einsam wie ein Gott.

Wandeln nach den glanzdurch-
    sprühten
Fernen, lichten Lohns bewußt; –
um die Stirne kühle Blüten
und von kinderkeuschen Mythen
voll die sabbatstille Brust.

Aus ›Traumgekrönt‹

Wassermann, den Rilke in München kennengelernt hatte, als
dieser gerade seinen Roman ›Die Juden von Zirndorf‹ beendete.
Wassermann empfahl Rilke als Lektüre Dostojewski und Tur-
genjew, vor allem aber den Roman ›Niels Lyhne‹ (1880) des Dänen Jens Peter Jacobsen als Heilmittel gegen das »lyrische Unge-
fähr«, in dem Rilke sich damals bewegte. In Jacobsen, dessen Lektüre er fortan jedem empfahl, der ihn nach einem guten Buch
fragte, entdeckte Rilke einen Geistes- und Seelenverwandten, bei
dem er seine Auffassung vom eigenen Tod, von den belebten
Dingen und der unaufhebbaren Einsamkeit des Menschen vor-
geprägt fand. Aber auch Jacobsens Prosastil, von lyrischen Ele-
menten, naturalistischer Präzision und religiöser Bildlichkeit geprägt, übte großen Einfluß auf Rilke aus, vor allem während der
Arbeit an den ›Aufzeichnungen des Malte Laurids Brigge‹.

Rilke verdankte Jakob Wassermann geistige Anregungen, die
sein Schaffen in eine neue Richtung lenken sollten. Er verdankte ihm aber noch etwas anderes: die Begegnung mit einer Frau,

Übrigens der dichterische Einfluß des Liliencronschen Werkes muß sich
doch auch in mir sehr eindringlich ausgewirkt haben; auf der einen Seite er,
auf der anderen Jacobsen, hatten mir in meiner Unreife und Ausgeschlossen-
heit, zuerst anvertraut, wie es möglich sei, von dem Nächsten, unter allen
Umständen vorhandenen Dinge aus den Absprung ins Weiteste zu nehmen;
und wie man an ihm sich spannen konnte zur Erfahrung jenes wunderbaren
Selbstgefühls, darin das höchst unsicher eigene Ich einen Beziehungswert
bekam, der entscheidender schien als jede mögliche Anerkennung.
Was aber J. P. Jacobsen angeht, so hab ich auch später noch, durch viele
Jahre, so Unbeschreibliches an ihm erlebt, daß ich mich außerstande sehe,
ohne Betrug und Erfindung festzustellen, was er mir in jenen frühesten Jahren mochte bedeutet haben. Noch weit in die Pariser Zeit hinein, war er mir
ein Begleiter im Geiste und eine Gegenwart im Gemüt –; daß er nicht mehr
lebte, schien mir zuweilen eine unerträgliche Entbehrung zu sein, aber gerade diese seltsame Nötigung, ihn noch gekannt zu haben, erzog in mir früh-
zeitig die Freiheit und Offenheit nach den Verstorbenen zu; eine Einstellung,
die dann gerade in seiner, Jacobsens Heimat und in Schweden die wunder-
lichste Bestärkung erfahren sollte. *An Hermann Pongs, 17. August 1924*

die ungeachtet aller zeitlichen und räumlichen Trennungen eine der wenigen festen Bezugspersonen in seinem Leben blieb.

3

Lou (Louise) von Salomé war die Tochter des Generals Gustav von Salomé und seiner jungen Frau Luise geb. Wilm, die einer wohlhabenden deutsch-dänischen Familie entstammte. Lou war in St. Petersburg aufgewachsen, hatte am Polytechnikum Zürich Philosophie, Theologie, Vergleichende Religionswissenschaft und Kunstgeschichte studiert und war mit ihrer Mutter durch Europa gereist. Noch bevor sie sich mit eigenen Veröffentlichungen hervorgetan hatte, waren die intellektuellen Kreise Europas auf die hochintelligente, selbstbewußte und außergewöhnlich attraktive junge Frau aufmerksam geworden. Als Rilke sie kennenlernte, war Lou als Verfasserin autobiographischer Romane, einer Nietzsche-Biographie, eines Buches über Henrik Ibsens Frauengestalten, zahlreicher Aufsätze und Rezensionen weithin bekannt und galt als eine der faszinierendsten Gestalten ihrer Zeit. Faszinierend war sie für ihre Zeitgenossen allerdings nicht nur wegen ihrer Intellektualität, sondern auch wegen ihrer zahlreichen Liebesaffären, unter anderem mit dem Moralphilosophen Paul Rée, mit Friedrich Nietzsche, Frank Wedekind und Richard Beer-Hofmann. Für nicht wenige ihrer Freunde endete das Verhältnis mit Lou in tiefer Verzweiflung, weil es zu den Eigenheiten dieser Frau gehörte, über Anfang, Ende und Intensität einer Beziehung selbst entscheiden zu wollen. Ver-

40

16 Lou Andreas-Salomé (1861–1937), die Tochter eines Generals in russischen Diensten, begegnete dem jungen Rilke im Mai 1897. Beide verband eine lebenslange Brieffreundschaft.

heiratet war Lou von Salomé seit 1887 mit dem auf Java geborenen Friedrich Carl Andreas, der Lektor am Orientalischen Seminar der Berliner Universität war, als er Lou kennenlernte, und 1903 Professor für Iranistik in Göttingen wurde. Wie so viele Männer vor und nach ihrer Eheschließung war auch Andreas nicht in Lou verliebt, sondern ihr regelrecht verfallen. Als er sah, daß sie sich trotz seines intensiven Werbens nicht klar für ihn entscheiden, sondern ihn hinhalten wollte, stieß er sich vor ihren Augen ein Messer in die Brust und verletzte sich lebensgefährlich. Lou willigte in die Heirat ein, verweigerte sich ihrem Mann jedoch bis ans Ende seines Lebens.

Als er am 12. Mai 1897 im Haus Jakob Wassermanns nicht nur der Schriftstellerin und Afrikareisenden Frieda von Bülow, sondern auch deren Freundin vorgestellt wird, einer Frau, die ihm bis dahin lediglich als Verfasserin des Ende 1896 in der ›Neuen Deutschen Rundschau‹ erschienen Essays ›Jesus der Jude‹ bekannt war, wird René Rilke sofort klar, daß sie der Mensch ist, auf den er unbewußt gewartet hat. Für den jungen Mann ist nichts mehr so, wie es war, er ist bereit, alles in Frage zu stellen, dessen er sich bislang sicher war. Er hat keine Vorstellung davon, worauf er sich einläßt, aber er brennt darauf, alles zu riskieren. Mit einem Wort: Er ist verliebt. In den folgenden Tagen umwirbt Rilke Lou mit allen Tönen der Liebe und Verehrung, die ihm zu Gebote stehen, schickt Briefe mit Gedichten für sie, besucht sie, liest ihr einige seiner blasphemischen ›Christus-Visionen‹ vor, die aus einer ähnlichen Geisteshaltung entstanden wie ihr Essay in der ›Rundschau‹ und die das Eigenständigste sind, was Rilke bis dahin hervorgebracht hat. Als Lou ihn akzeptiert – als Mensch, als Dichter und als Liebhaber – erlebt er eine Glückseligkeit, wie er sie so nie wieder finden wird. Für die nächsten knapp vier Jahre ist Lou Andreas-Salomé der wichtigste Mensch in Rilkes Leben. Bei allen Veränderungen,

Fand auf fernentlegnen
Wegen Rosen. Mit dem Reis,
Das ich kaum zu halten weiß,
Möcht' ich Dir begegnen.

Wie mit heimatlosen
Blassen Kindern such' ich Dich, –
Und Du wärest mütterlich
Meinen armen Rosen.

Brief an Lou Andreas-Salomé
31. Mai 1897

17 Im Fahnensattlerhaus in Wolfratshausen 1897. Friedrich Carl Andreas, August Endell (führender
Architekt des Jugendstils), Rilke und
Lou Andreas-Salomé.

die er in diesen Jahren durch-
macht, wird Rilke von Lou
unterstützt, mal kritisch und
fordernd, mal mütterlich und
beschützend, aber stets liebevoll.

Einige dieser Veränderun-
gen finden bereits statt, als die
beiden im Juni und Juli 1897
zusammen in Wolfratshausen
unweit des Starnberger Sees
wohnen. Rilke formt seine
Handschrift »mit ihrem ner-
vös-ausladenden, stark druck-
betonten Duktus zu einer gepflegten gleichmäßigen Kunst-
schrift um«. Außerdem legt er
sich einen neuen Vornamen zu. Bereits im September erscheint
in der ›Wiener Rundschau‹ der Name Rainer Maria Rilke zum
ersten Mal im Druck: unter der Übersetzung von Fernand
Greghs ›La brise en larmes‹. Auch Rilkes Lebensweise ändert
sich. Aus dem umtriebigen Großstadt-Literaten mit einem
leichten Hang zum Bohemien wird unter Lous Einfluß ein Dichter, der versucht, im Sinne der Reformbewegungen der Jahrhundertwende zu leben, wozu vegetarische Kost, Barfußgehen, das
bewußte Erleben der Natur und allgemein eine möglichst be-
scheidene, asketische Lebensführung gehören.

Rilke erfuhr bei Lou zum ersten Mal, daß es einen liebenden
Menschen gab, der ihn begehrte, ohne ihn zu vereinnahmen,
der ihn annahm, ohne ihn manipulieren zu wollen, und der ihn
beschützte, ohne gleichzeitig die Angst zu schüren, vor der zu
beschützen er vorgab. Dies und sicher auch die Übereinstim-

Fernand Gregh (1873–1960). Der
französische Lyriker wollte die
Poesie vom Einfluß der Symbolisten
befreien und mühte sich im Unter-
schied zu diesen um eine »Natür-
lichkeit« des Stils.

mung mit der Freundin in religiösen Fragen gab Rilke den Mut, sich kritisch mit seiner frömmelnden Mutter auseinanderzusetzen. Das von Rilke zuvor stereotyp verwendete Klischee der treusorgenden, sich aufopfernden Mutter verschwindet nach der ersten Begegnung mit Lou fast völlig aus seinen Gedichten und Erzählungen. Noch in Wolfratshausen und auch nach dem Umzug nach Berlin, wo Rilke im Oktober 1897 seine erste Wohnung in der Nähe des Ehepaares Andreas in Wilmersdorf nimmt, entstehen Prosatexte, in denen Rilke Familienstrukturen darstellt und den zerstörerischen Einfluß von Müttern insbesondere auf ihre Söhne beschreibt: ›Das Familienfest‹, ›Einig‹, ›König Bohusch‹, ›Die Geschwister‹. Auch im folgenden Jahr schreibt Rilke erzählerische und szenische Texte, in denen er seine neu erworbene Fähigkeit erprobt, konflikthafte, krankmachende Eltern-Kind-Beziehungen zu schildern. ›Ewald Tragy‹, ›Leise Begleitung‹, ›Generationen‹, ›Vorfrühling‹, ›Im Leben‹ und ›Die Letzten‹. Einige dieser Texte erscheinen 1898 in Rilkes erster Novellensammlung ›Am Leben hin‹, deren Geschichten ansonsten um die auch für Rilkes Lyrik der Frühzeit typischen Themen – Alter, Tod, unglückliche Liebe – kreisen. Seine beiden umfangreichsten Erzählungen, ›König Bohusch‹ und ›Die Geschwister‹, veröffentlicht Rilke zwei Jahre nach ihrem Entstehen in einem ›Zwei Prager Geschichten‹ (1899) betitelten Band. Die an Selbstverleugnung grenzende Distanz, mit der er später seinem gesamten Frühwerk gegenüberstand, nahm er zu den ›Zwei Prager Geschichten‹ allerdings schon bei deren Veröffentlichung ein: »Dieses Buch ist lauter Vergangenheit«, heißt es im Vorwort, »Heimat und Kindheit – beide längst fern – sind

Der blutjunge Rainer, obwohl er schon verblüffend viel geschrieben und veröffentlicht hatte, ... wirkte in seinem Wesen doch nicht vorwiegend als der zukunftsvoll große Dichter, der er werden sollte, sondern ganz von seiner *menschlichen* Sonderart aus. ... Wenn auch z. B. einmal der ihm befreundete Ernst von Wolzogen ihn brieflich scherzend anredete: »Reiner Rainer, fleckenlose Maria«, so lag dennoch in Rainers innerer Situation keine weiblich-kindliche Erwartung, sondern schon seine Art Mannhaftigkeit: eine ihm entsprechende unantastbar zarte Herrenhaftigkeit. ... Was man mit dem Wort »männliche Anmut« bezeichnet, war deshalb in hohem Grade Rainer damals zu eigen, in aller Zartheit unkompliziert, und unverwüstlich im Zusammenklang aller Wesensäußerungen; er konnte damals noch lachen, konnte sich noch vom Leben harm- und arglos in dessen Freude aufgenommen wissen.« *Lou Andreas-Salomé, ›Lebensrückblick‹*

sein Hintergrund. – Ich würde es heute nicht so, und darum wohl überhaupt nicht geschrieben haben. Aber damals, als ich es schrieb, war es mir notwendig.«

Die kritische Perspektive auf die eigene Biographie, die Rilke seit dem Sommer 1898 in seinen Erzählungen und szenischen Texten entwickelte, bewirkte auch Veränderungen in seiner Lyrik. In mehreren im November 1897 entstandenen Gedichten spricht Rilke erstmals von »meiner Mutter«, schildert Züge von Sophie Rilke und stellt Zusammenhänge her zwischen ihrem Wesen, ihrem Verhalten und der Einsamkeit seiner Kindheit. Diese Gedichte – etwa ›Und meine Mutter war sehr jung‹, ›Kam meine Mutter im kühlen Kleid‹, ›Weil meine Treue mich zur Mutter trieb‹ – sind leicht zugängliche, ohne biographisches Vorwissen unmittelbar verständliche Selbstaussagen des Dichters, die kaum einer Interpretation bedürfen.

Der Umzug nach Berlin brachte für Rilke eine Reihe von neuen Kontakten, meist vermittelt durch Lou. Im Hause des Künstlerehepaares Reinhold und Sabine Lepsius macht er bei einer Lesung die Bekanntschaft von Stefan George, den er einige Monate später in Florenz unverhofft wiedertreffen wird. Ebenfalls unter den Gästen im Hause Lepsius sind der Schriftsteller Karl Vollmoeller und seine Schwester, die Malerin Mathilde Vollmoeller, mit der zusammen Rilke 1907 in Paris die Cézanne-Ausstellung besuchen wird.

Die Wintermonate in Berlin stehen im Zeichen intensiver Arbeit, denn Rilke bereitet sich, angeleitet von Lou, auf zwei Reisen vor. Im Frühjahr will er nach Florenz, lernt deshalb Italienisch und hört Kunstgeschichte an der Universität. Der Termin der zweiten Reise steht noch nicht fest, wohl aber das Ziel: Rußland. Rilke beginnt, mit Lous Hilfe Russisch zu lernen.

Anfang März 1898 trifft Rilke zu einem Vortrag über »Moderne Lyrik« in Prag ein und reist von dort nach Arco nahe dem Garda-

Arme Heilige aus Holz
kam meine Mutter beschenken;
und sie staunten stumm und stolz
hinter den harten Bänken.

Haben ihrem heißen Mühn
sicher den Dank vergessen,

kannten nur das Kerzenglühn
ihrer kalten Messen.

Aber meine Mutter kam
ihnen Blumen geben.
Meine Mutter die Blumen nahm
alle aus meinem Leben.

›Mir zur Feier‹, 1897

see weiter, wo er seine Mutter besucht. Mitte April kommt Rilke schließlich in Florenz an. Auf seinen langen Spaziergängen in den nächsten Wochen läßt er kaum eine Kirche, kaum ein Gemälde und kaum eine Statue aus. Ihn faszinieren Malerei und Architektur der Frührenaissance, Botticelli und Michelangelo. Lou hat ihn zu dieser Bildungsreise angeregt, und Rilke will sich als gelehriger Schüler erweisen. Seine Beobachtungen und Reflexionen trägt er in das ›Florenzer Tagebuch‹, eine Art Reisebericht für Lou, ein.

In Florenz lernt Rilke den Maler Heinrich Vogeler kennen, der ihn in die Künstlerkolonie Worpswede einlädt. Zur gleichen Zeit hält sich auch Stefan George in Florenz auf. Rilke möchte die Begegnung mit ihm vermeiden, weil ihn Georges Hang zu theatralischen Auftritten verunsichert, kann aber nicht verhindern, daß der sieben Jahre Ältere ihn in ein längeres Gespräch verwickelt, in dessen Verlauf er Rilke wegen dessen zu frühen und unreifen Veröffentlichungen tadelt. Solche Kritik tut weh, insbesondere dann, wenn sie zutrifft und noch dazu der eigenen Meinung entspricht. An Ellen Key schreibt Rilke am 3. März 1904: »Mein Können war damals so gering, mein Fühlen unreif und verängstigt, und es kommt noch dazu, daß ich für alle ersten Veröffentlichungen immer das schlechteste und unpersönlichste aus meinen Versuchen zusammenstellte, weil ich mich nicht entschließen konnte, das, was mir wirklich lieb war, preiszugeben; das wurden denn natürlich erbärmliche Bücher. ›Mir zur Feier‹ ist die erste Auswahl, die nicht nach diesem Grundsatze gebildet worden ist, – und deshalb auch mein eigentlich erstes Buch.«

Mit ›Mir zur Feier‹ beginnt also der eigentliche Rilke – jedenfalls nach Meinung von Rilke selbst. Die Auffassung

18 Das Schloß Arco mit Blick auf den Gardasee. Auf seinen Reisen besuchte Rilke hier mehrmals seine Mutter.

hat einiges für sich. In dem Ende 1899 erschienenen, mit Buch-
schmuck von Heinrich Vogeler versehenen Band ist die Sprache
präziser geworden. Zwar finden sich immer noch schwer er-
trägliche Verse wie »Meine frühlingverliehnen / Lieder oft in
der Ruh / rosenumrankter Ruinen / sang ich dem Abend sie
zu«, aber in Texten wie ›Arme Heilige aus Holz‹, ›Ich fürchte
mich so vor der Menschen Wort‹ oder ›Intérieur‹ zeigt sich erstmals deutlich Rilkes einzigartige Fähigkeit, den Leser durch un-
vermittelt vorgestellte Bilder, die im Laufe des Gedichts variiert
werden, in seine Gedankenwelt hineinzuziehen – eine Technik,
die er in den ›Neuen Gedichten‹ zur Perfektion entwickeln
wird. Mit den Komplexen »Ich«, »Ding«, »Gott« und »Sprache«
kommt Rilke in ›Mir zur Feier‹ außerdem zu seinen großen
Themen. Und der Engel in den ›Engelliedern‹ kann als eine
frühe Vorform der Engelgestalt gelten, die in den ›Duineser Elegien‹ eine so eminent wichtige Funktion erhalten wird.

Nach seiner Rückkehr aus Italien schreibt Rilke in Berlin-
Schmargendorf ›Die weiße Fürstin‹, eine lyrisch-dramatische

Szene im Stile Maeterlincks.
Die Anregung zu der Szene
hatte Rilke in Viareggio erhalten, wo er einen »Bruder von
der Schwarzen Bruderschaft
des Letzten Erbarmens« beob-
achtet hatte, der ihm »wie der
Tod selbst» erschien. Die Themen und Motive der ›weißen
Fürstin‹ – schmachtende Mäd-
chen- und Frauengestalten,
unerfüllte Liebe, der Tod –
bleiben für Rilke bis ins Spätwerk gültig. Die Überarbei-

19 Villa Waldfrieden in Berlin-
Schmargendorf. Hier wohnte Rilke
von 1898 bis 1900. Im Herbst 1899 entstand in Schmargendorf neben dem
›Cornet‹ auch der erste Teil des
›Stunden-Buches‹. Ostern 1900
schrieb Rilke sein letztes Drama ›Das
tägliche Leben‹, dessen Berliner Pre-
miere am 20. Dezember 1901 seine

Laufbahn als Dramatiker mit einem
Mißerfolg beendete.

tung der Szene Ende 1904 läßt denn auch die Motive unangeta-
stet; stilistisch unterscheidet sich die zweite Fassung vor allem
durch eine größere Sachlichkeit von der ersten. Wie sehr Rilke
dieses Werk am Herzen lag, mag man daran ersehen, daß er
noch 1912 der von ihm verehrten Eleonora Duse die Hauptrolle
anbietet – ein Plan, der sich jedoch zerschlägt.

Im August nimmt Rilke ein Zimmer in der Villa Waldfrieden
in Berlin-Schmargendorf. Die Auseinandersetzungen mit Lou,
die gleich nach seiner Rückkehr stattgefunden haben müssen,
scheinen seine Arbeitsfähigkeit nicht beeinträchtigt zu haben.
Rilkes Pensum zwischen August 1898 und April 1899 ist beacht-
lich. Nicht nur ›Die weiße Fürstin‹ entsteht in dieser Zeit, auch
das dem Jugendstil-Maler Ludwig von Hofmann gewidmete
›Spiel‹, die Skizze ›Fernsichten‹ und die erst aus dem Nachlaß
veröffentlichten ›Notizen zur Melodie der Dinge‹. Dann Erzählungen: ›Ewald Tragy‹, ›Der Liebende‹, die psychologische Skizze eines Dreiecksverhältnisses, außerdem ›Die Letzten‹ und einige kürzere Texte. Die Erzählung ›Im Gespräch‹ stellt ebenso
ein Resultat von Rilkes Beschäftigung mit kunsttheoretischen
und kunsthistorischen Fragen dar wie der Essay ›Über Kunst‹.
Zur Aufbesserung seiner Finanzen betätigt sich Rilke außerdem
als Rezensent und Theaterkritiker. Daneben lernt er mit Lou zusammen Russisch. An der Berliner Universität belegt Rilke Vorlesungen des Philosophen und Soziologen Georg Simmel. Weihnachten verbringt er bei Heinrich Vogeler in Bremen und fährt
mit ihm zusammen zum ersten Mal nach Worpswede. Im März
besucht er seine Mutter in Arco, lernt in Wien Hugo von Hofmannsthal und Rudolf Kassner kennen, macht noch einen An-
standsbesuch bei seinen Prager Verwandten und ist Anfang
April wieder in Berlin, um letzte Vorbereitungen für die Rußlandreise zu treffen.

»Erst dann, wenn der Einzelne durch alle Schulgewohnheiten hindurch
und über alles Anempfinden hinaus zu jenem tiefsten Grunde seines Tö-
nens hinabreicht, tritt er in ein nahes und inniges Verhältnis zur Kunst:
wird Künstler. Dieses ist der einzige Maßstab. Alles andere Beschäftigen
mit Pinsel oder Feder oder Meißel ist nur eine persönliche Gewohnheit,
welche dem Einzelnen und seiner Umgebung gleichgültig oder lästig
sein kann, wie etwa das Tabakrauchen oder das Daumendrehen.«
Aus Rilkes Vortrag ›Moderne Lyrik‹, 1898

4

Beim ersten Wiedersehen nach Rilkes Italien-Reise kam es zu ernsten Spannungen zwischen ihm und Lou Andreas-Salomé. Rilke drängt auf eine neue Definition seiner Rolle in der Beziehung, was Lou aus Rücksicht auf ihren Mann nicht mittragen konnte oder wollte. Bei aller Faszination von der Freundschaft dieser beiden eindrucksvollen Persönlichkeiten sollte man nicht vergessen, daß sie sich in einer Konstellation entwickelte, die dazu angetan war, allen Beteiligten seelische Höllenqualen zu verursachen. Lou war verheiratet. Ihre Beziehung zu Friedrich Carl Andreas war keine sexuelle, gleichwohl muß es ein starkes Band gegeben haben, das die beiden 43 Jahre lang, bis zu Andreas' Tod, zusammenhielt. Auch während ihrer Freundschaft mit Rilke war die Beziehung zu ihrem Mann für Lou die primär schützenswerte Bindung. Aus diesem Schutzbedürfnis entsprang unter anderem die Idee, viele Zeugnisse ihrer Liebe gemeinsam mit Rilke zu vernichten, unter anderem etwa die Hälfte der Liebesgedichte an Lou, die Rilke unter dem Titel ›Dir zur Feier‹ – analog zur 1899 erschienenen Sammlung ›Mir zur Feier‹ – veröffentlichen wollte. Zu den schönsten Gedichten, die der Vernichtung entgingen, zählen die Verse ›Lösch mir die Augen aus: ich kann dich sehn‹, die Rilke auf Lous Bitte hin später in den zweiten Teil des ›Stunden-Buchs‹ übernahm.

Rilke war nicht der erste und nicht der letzte Liebhaber seiner Frau, den Andreas hinnahm, was nicht bedeuten muß, daß es ihn nicht verletzt hat. Schließlich war Rilke in Lou mit einer Ausschließlichkeit verliebt, die noch nichts mit seiner später propagierten Idee der besitzlosen Liebe gemein hatte. Und Andreas war der erste, wenn auch nicht der letzte Ehemann einer Freundin, mit dem Rilke sich arrangierte, was ebenfalls nicht bedeuten muß, daß ihm das gleichgültig war. Schließlich

Nun kam ich zu Dir voll Zukunft. Und aus Gewohnheit begannen wir unsere Vergangenheit zu leben. Wie konnte ich merken, daß Du frei und festlich wurdest bei dem Vertrauen dieses Buches, da ich DICH nicht sah, sondern nur Deine Nachsicht und Milde und das Bestreben, mir Mut und Freudigkeit zu geben. Mich konnte in diesem Augenblick nichts mehr empören als dies. Ich haßte Dich wie etwas *zu Großes*. Ich wollte diesmal der Reiche, der Schenkende sein, der Ladende, der Herr, und Du solltest kommen und, von meiner Sorgfalt und Liebe gelenkt, Dich ergehen in meiner Gastlichkeit. Und nun Dir

hatte dieser Mann, der sein Vater hätte sein können, einiges von dem, wonach Rilke sich so sehnte: Bildung, gesellschaftliches Ansehen, materielle Eigenständigkeit. Und Lou. Lou stand zwischen zwei Männern. Knapp vier Jahre lang wollte sie auf keinen von beiden verzichten. Sie entschied sich nicht für eine der gesellschaftlich akzeptierten Methoden, mit Dreiecksverhältnissen umzugehen – geheimhalten oder klare Verhältnisse schaffen –, sondern versuchte einen vermeintlich modernen Weg zu gehen: den Ehemann informieren, aber nicht unnötig verletzen. Da sie aller Wahrscheinlichkeit nach aber die einzige der drei war, deren Wesen diese Lösung entsprach, mußte die Situation irgendwann unerträglich werden. Die beiden Reisen nach Rußland, einmal mit, das andere Mal ohne Lous Ehemann, dürften einiges zur Eskalation beigetragen haben.

Die erste russische Reise, auf der Rilke das Ehepaar Andreas begleitete, dauerte etwa sechs Wochen. Am 27. April 1899 treffen die drei in Moskau ein. Sie besuchen Leo Tolstoj, den Maler Leonid Pasternak und den Bildhauer Fürst Paul Trubetzkoi. Die Ostertage in Moskau werden für Rilke zu einem religiösen Offenbarungserlebnis, das er ungeachtet seiner Kritik am traditionellen Christentum stets zu einer prägenden Erfahrung verklärte. Anfang Mai fahren sie weiter nach Petersburg, wo Lou und ihr Mann bei Lous Mutter wohnen, während Rilke sich ein Zimmer in einer Pension nimmt. In Petersburg besucht er Helene Woronin, die er in Viareggio kennengelernt hatte, ist bei dem Maler Ilja Repin zu Gast und besichtigt die Eremitage und andere Sehenswürdigkeiten. Die Briefe aus diesen Wochen, in denen er der Mutter, Hugo Salus, Franziska von Reventlow, Frieda von Bülow und anderen seine ersten russischen Eindrücke schildert, klingen überschwenglich. Am 18. Juni sind Rilke und Lou zurück in Deutschland. Sie verbringen einige Tage bei Johanna Niemann, einer Freundin Lous, in Danzig-Langfuhr, sind im Juli in Berlin

gegenüber war ich wieder nur der kleinste Bettler an der letzten Schwelle Deines Wesens, das auf so breiten und sicheren Säulen ruht. Was half es, daß ich meine gewohnten Festtagsworte anzog? Ich fühlte mich immer lächerlicher werden in meiner Maskerade, und mir erwachte der dunkle Wunsch, mich in ein tiefes Nirgendwo zu verkriechen. Scham, Scham war alles in mir. Jedes Wiedersehen beschämte mich ja. Begreifst Du das? Immer sagte ich mir: »Nichts kann ich Dir geben, gar nichts; mein Gold wird zu Kohle, wenn ich Dirs reiche, und ich verarme dabei.« ›Florenzer Tagebuch‹, 6. Juli 1898

und folgen dann einer Einladung Frieda von Bülows auf den Bibersberg bei Meiningen, wo sie bis Mitte September bleiben.

Im Herbst dieses Jahres verarbeitet Rilke seine russischen Erfahrungen. Es entsteht unter anderem der erste Teil des ›Stunden-Buchs‹, den Rilke zunächst noch »Gebete«, dann das »Buch vom mönchischen Leben« nennt; im November schreibt er die ›Geschichten vom lieben Gott‹, und ebenfalls noch im Herbst – in einer einzigen Nacht, wie Rilke gern betonte – den ›Cornet‹, den er bis zur Veröffentlichung 1906 allerdings noch zweimal überarbeiten wird. Schon zu seinen Lebzeiten gehörten diese Texte zu Rilkes kommerziell erfolgreichsten Werken. Daneben betreibt er weiterhin beständig Werbung in eigener Sache. Er steht mit Zeitschriften in Wien, München, Berlin und Prag in Verbindung, die hin und wieder Texte von ihm abdrucken und seine angespannte finanzielle Situation ein wenig erleichtern. Auch mit der Intensivierung seiner russischen Studien verfolgt Rilke eine durchaus praktische Nebenabsicht: Er würde gerne als Übersetzer aus dem Russischen arbeiten. Der Plan läßt sich jedoch nicht verwirklichen.

Im November nimmt Rilke seine Tagebuchaufzeichnungen für Lou wieder auf. Das ›Schmargendorfer Tagebuch‹ reicht bis zum Mai 1900. Es enthält einige erste Niederschriften von Erzählungen – ›Die Turnstunde‹, ›Ein Morgen‹, ›Der Grabgärtner‹, ›Der Kardinal‹, ›Frau Blaha's Magd‹ –, gibt aber auch Aufschluß über den Wandel in Rilkes Beziehung zu Lou. Er liebt sie nach wie vor, das ist offensichtlich. Aber ebenso offensichtlich ist sein Ringen mit der Erkenntnis, daß es so mit ihnen nicht mehr lange weitergehen kann, daß er einen anderen Weg gehen muß.

Weihnachten des Jahres 1899 verlebt Rilke in Prag. Vor seiner Rückkehr nach Berlin besucht er in Breslau den Kunsthistoriker

Lous Worte aus dem Jahr 1934 gelten Rilke, als wäre er noch unter den Lebenden: »War ich jahrelang Deine Frau, so deshalb, weil Du mir das erstmalig Wirkliche gewesen bist, Leib und Mensch ununterscheidbar eins, unbezweifelbarer Tatbestand des Lebens selbst. Wortwörtlich hätte ich Dir bekennen können, was Du gesagt hast als Dein Liebesbekenntnis: ›Du allein bist wirklich.‹ Darin wurden wir Gatten, noch ehe wir Freunde geworden, und befreundet wurden wir kaum aus Wahl, sondern aus ebenso untergründig vollzogener Vermählungen. Nicht zwei Hälften suchten sich in uns: die überraschte Ganzheit erkannte sich erschauernd an unfaßlicher Ganzheit. So waren wir denn Geschwister – doch wie aus Vorzeiten, bevor Inzest zum Sakrileg geworden.«   ›Lebensrückblick‹

20 Der Kreml in Moskau. An die hier mit Lou Andreas-Salomé verbrachte Oster-
nacht 1899 erinnerte sich Rilke: »Mir war ein einziges Mal Ostern; das war damals
in jener langen, ungewöhnlichen, ungemeinen, erregten Nacht, da alles Volk sich
drängte, und als der Ivan Welikij [der große Glockenturm im Kreml] mich schlug
in der Dunkelheit, Schlag für Schlag. Das war mein Ostern, und ich glaube es
reicht für ein ganzes Leben aus.« (An Lou Andreas-Salomé, 31. März 1904)

Richard Muther, der ihn anregt, einen Aufsatz über russische
Kunst für die ›Zeit‹ zu schreiben, eine Wiener Wochenschrift,
deren Redakteur für Kunst Muther damals war. Er wird Rilke
später auch den Auftrag für die Rodin-Monographie geben
und damit eine wichtige Wendung in Rilkes Leben einleiten.
  Die zweite russische Reise, vom 7. Mai bis 24. August 1900, unternimmt Rilke mit Lou allein. Wiederum halten sie sich zuerst in
Moskau auf, besuchen Leonid Pasternak, den Literaturprofessor
Nikolaj I. Storoschenko, den Kunstschriftsteller Paul Ettinger und
die Schriftstellerin und Dozentin Sofija Nikolajewna Schill, die
beide schon aus Berlin kennen. Sie besichtigen Museen, Kirchen,
Galerien, auch die ein wenig außerhalb Moskaus gelegene Künst-
lerkolonie Abramzewo. Am 1. Juni besuchen sie Nikolaj Tolstoj.
Der Besuch ist unangemeldet und Tolstoj schlecht gelaunt. Eini-

Ein Heimatgefühl überkam mich zuerst im Jahre 1899 in Moskau: ich mußte
mit einem Schlage im russischen Wesen das mir Vertrauteste erkennen und
erfahren, in einer wie vagen und unzusammenstimmenden Umgebung ich
bis dahin gelebt hatte. Diese Einsicht ist mir grundlegend geblieben –, so viel
und so gern ich sonst in vielen anderen Ländern gelebt habe, eigentliche
Verbundenheit empfinde ich nur zu der russischen Erde und ihren mir brü-
derlichen Geschöpfen.

An Anita Forrer, 22.–24. März 1920

ges deutet darauf hin, daß der russische Dichter bis an die Grenze zur Unhöflichkeit ging, um die ungebetenen Gäste möglichst schnell wieder loszuwerden. Dennoch stilisierte Rilke in all seinen Schilderungen diesen Besuch bei Tolstoj – mit dem er sich kaum unterhalten konnte, da er Russisch zwar verstand, aber nur fehlerhaft sprach – zu einer der großen Erfahrungen seines Lebens.

Anschließend fahren Rilke und Lou nach Kiew, Mitte Juni dann den Dnjepr abwärts über Krementschug nach Kresl, von dort mit der Bahn nach Poltawa und über Charkow und Woronesch nach Saratow, wo sie am 23. Juni die Wolga erreichen. Nach einer längeren Schiffsreise kehren sie für kurze Zeit nach Moskau zurück und reisen dann erneut an die Wolga, wo sie in dem Dorf Nisowka einige Tage bei dem Bauerndichter Spiridon D. Droschin verbringen. Am 24. Juli brechen sie Richtung Petersburg auf, wo sie sich drei Tage später trennen: Lou fährt zu ihren Verwandten nach Finnland, Rilke verbringt knapp vier Wochen allein in Petersburg. Er arbeitet fast täglich in der Bibliothek und betreibt mit Nachdruck kunsthistorische Studien, um sich auf eigene Arbeiten vorzubereiten, aber auch, um seinen Trennungsschmerz zu lindern. In dieser Zeit lernt er Alexander Benois kennen, der Mitarbeiter an der bedeutenden russischen Kunstzeitschrift ›Mir iskusstva‹ ist, und erwägt, Rilke eine Korrespondentenstelle zu vermitteln. Am 22. August tritt Rilke mit Lou gemeinsam die Rückreise an. Nach einem längeren Zusammensein steht ihnen der Sinn aber offenbar nicht. Schon am 27. August fährt Rilke aus Berlin nach Worpswede zu Heinrich Vogeler, wo er bis Anfang Oktober bleibt.

21 Rilke zu Gast beim russischen Volksdichter Spiridon Droschin (1848–1930) in Novinki, Gouvernement Tver.

5

Rilkes Plan, durch Aufsätze in bedeutenden Kunstzeitschriften, Monographien, Übersetzungen und Ausstellungen die zeitgenössische russische Kunst und Literatur populärer zu machen, sind nie über das Stadium der Vorbereitung hinaus gediehen. Auch die Möglichkeit, auf Grund seiner Vorarbeiten zu einem kunsthistorischen Studienabschluß zu gelangen, hat er nicht genutzt. Aber der materielle Ertrag seiner beiden Rußlandreisen spielte für Rilke keine große Rolle. Begegnungen mit Menschen und das Erlebnis der russischen Landschaft waren die Eindrücke, auf die er immer wieder zu sprechen kam. Politische Zustände und gesellschaftliche Spannungen gerieten ihm in Rußland aber genauso wenig in den Blick wie zu Hause.

Im »russischen Menschen«, den er meist als Bauern oder Künstler projiziert, sieht Rilke das, was er sehen will: eine in sich ruhende, seelenvolle, heimatverbunde Persönlichkeit, für die der Glaube noch etwas Lebendiges, Gott immer gegenwärtig ist und die keines Vermittlers – Priester oder Christus – bedarf, um mit ihrem Gott in Beziehung zu treten, anders als die nur noch formal einer Kirche angehörenden Westeuropäer, anders auch als Sophie Rilke mit ihrer in Ritualen erstarrten Christus- und Heiligenverehrung. Die innere Stärke, die dem »russischen Menschen« innewohnt, wünscht Rilke sich auch für sich selbst.

›Das Stunden-Buch‹, dessen erster Teil unter dem Eindruck der ersten russischen Reise entstand, hat Rilkes Ruf als frommer Autor begründet. Mit dem Titel bezieht Rilke sich auf die als »Livres d'heures« oder »Stundenbücher« bezeichneten Breviere des späten Mittelalters, die den Ablauf des geistlichen Tages einteilen sollten. Rilkes ›Stunden-Buch‹ ist in drei zeitlich weit auseinanderliegenden kurzen Schaffensperioden entstanden und erschien 1905 als erstes Werk Rilkes im Insel-Verlag. Rilke wid-

Was wirst du tun, Gott, wenn ich sterbe?
Ich bin dein Krug (wenn ich zerscherbe?)
Ich bin dein Trank (wenn ich verderbe?)
Bin dein Gewand und dein Gewerbe,
mit mir verlierst du deinen Sinn. ...
Was wirst du tun, Gott? Ich bin bange.

›Das Stunden-Buch‹

»Der russische Mensch hat mir in so und so vielen Beispielen vorgestellt, wie selbst eine, alle Kräfte des Widerstands dauernd überwältigende Knechtung und Heimsuchung nicht notwendig den Untergang der Seele bewirken muß. Es gibt da, für die slawische Seele wenigstens, einen Grad der Unterwerfung, der so vollkommen genannt zu werden verdient, daß er ihr, selbst unter dem aufliegendsten und beschwerendsten Drucke, etwas wie einen heimlichen Spielraum schafft, eine vierte Dimension ihres Daseins, in der nun, mögen die Zustände noch so bedrängend werden, eine neue, endlose und wahrhaft unabhängige Freiheit für sie beginnt.«

An Cäsar von Sedlakowitz, 9. Dezember 1920

mete es Lou, auch wenn nur die Entstehung des ersten Teils, ›Vom mönchischen Leben‹, in die gemeinsame Zeit fällt. Formal ist das ›Stunden-Buch‹ bestimmt von der Fiktion eines in seiner Zelle betenden Mönches, der um seinen Gott ringt. Aber das Ringen des Mönches um Gott – der in den Gedichten mal als ehrfurchtgebietend und machtvoll, dann wieder als verletzlich und schutzbedürftig vorgestellt wird, mal als drohende Vaterfigur, dann als vom Gläubigen erst zu schaffendes Wesen – ist immer auch das Ringen des Künstlers um das Werk, und manche Gedichte schließlich, etwa ›Lösch mir die Augen aus: ich kann dich sehn‹, enthalten auch verschlüsselte Liebesbekenntnisse. Die formale Freiheit und die thematische Vielschichtigkeit des Werks sind keine Spielerei, der sich Rilke hingibt, sondern die im Grunde zwangsläufige Folge der Lebenssituation des Dichters, in der die Texte entstanden sind. Einerseits erfuhr Rilke in seiner Kindheit eine traditionell christliche Prägung und war auf seinen Rußlandreisen ergriffen von der Gläubigkeit der Menschen dort. Andererseits war seine Lebenshaltung nicht von einer sich aus dem Christentum ableitenden Frömmigkeit geprägt – im März 1901, kurz vor seiner Eheschließung, tritt er aus der katholischen Kirche aus –, und Rilke leugnete auch zentrale Inhalte des Christentums.

»Das ist jedesmal eine Voreiligkeit, wenn eine Philosophie Religion wird, d. h. mit dogmatischen Ansprüchen an andere herantritt, während sie doch in jedem Fall nur die grandiose Art ist, in welcher der Stifter lebte und mit dem Leben und Sterben rang. Das Leben Jesu Christi und das Dostojewskis sind unvergeßliche Erscheinungen und große Beispiele. Aber das *nicht* dogmatisch gewordene menschliche Wort des letzteren wird für Rußland viel wirksamer sein, als das in großen Systemen eingeschobene Wort des Jesus von Nazareth für Europa war.« *An Alexander N. Benois, 28. Juli 1901*

Wenn das ›Stunden-Buch‹ mit den ›Neuen Gedichten‹, den ›Duineser Elegien‹ und den ›Sonetten an Orpheus‹ zu Rilkes großen lyrischen Werken – und zu den großen Werken der deutschen Lyrik – gehört, so nicht zuletzt deshalb, weil sich in ihm eine kulturkritische Haltung des Dichters erkennen läßt, deren Grundpositionen das Bewußtsein des modernen Menschen nachhaltig geprägt haben. Dazu gehören die These von der Sackgasse, in die die abendländische Kunst vor allem durch die gegenständliche religiöse Malerei geraten sei, ebenso wie die Kritik an der positivistischen Weltauffassung. Dazu gehört auch das Ergriffensein von der russischen Frömmigkeit, wenn man es als Zeichen für das Bedürfnis des Individuums interpretiert, Entgrenzungserfahrungen zu machen, die der eigenen Existenz eine über das Materielle, Rationale hinausgehende Bedeutung verleihen. Daß es sich dabei um ein auch heute weithin unerfülltes Bedürfnis handelt, mag man an der gegenwartigen Beliebtheit fernöstlicher Religionen erkennen, sicher aber auch an dem Zulauf, dessen sich alle möglichen Sekten und Psychokulte im ausgehenden 20. Jahrhundert erfreuen. Rilke hat diese Defizite der abendländischen Kultur nicht als erster entdeckt. Von den ihm bekannten Philosophen wären zumindest Kierkegaard und Nietzsche als mögliche Bezugspunkte zu nennen. Aber es war Rilkes ureigenste Begabung, diese Defizite nicht

Übrigens müssen Sie wissen, Fürstin, ich bin seit Cordoba von einer beinah rabiaten Antichristlichkeit, ich lese den *Koran*, er nimmt mir, stellenweise, eine Stimme an, in der ich so mit aller Kraft drinnen bin, wie der Wind in der Orgel. Hier meint man in einem Christlichen Lande zu sein, nun auch hier ists längst überstanden, christlich wars, solang man hundert Schritte vor der Stadt den Mut hatte, umzubringen, darüber gediehen die vielen anspruchslosen Steinkreuze, auf denen einfach steht: hier starb der und der – das war die hiesige Version des Christentums. Jetzt ist hier eine Gleichgültigkeit ohne Grenzen, leere Kirchen, vergessene Kirchen, Kapellen die verhungern, – wirklich man soll sich länger nicht an diesen abgegessenen Tisch setzen und die Fingerschalen, die noch herumstehen, für Nahrung ausgeben. Die Frucht ist ausgesogen, da heißts einfach, grob gesprochen, die Schalen ausspucken. Und da machen Protestanten und amerikanische Christen immer noch wieder einen Aufguß mit diesem Teegras, der zwei Jahrtausende gezogen hat. Mohammed war auf alle Fälle das Nächste, wie ein Fluß durch ein Urgebirg, bricht er sich durch zu dem einen Gott, mit dem sich so großartig reden läßt jeden Morgen, ohne das Telephon »Christus«, in das fortwährend hineingerufen wird: *Holla, wer dort?*, und niemand antwortet.

bloß zu diagnostizieren, sondern ihre Konsequenzen zu empfinden und diesen Empfindungen dichterischen Ausdruck zu
verleihen.

Die ›Geschichten vom lieben Gott‹, die einige Wochen nach
dem ersten Teil des ›Stunden-Buchs‹ entstanden sind und 1900
in erster Ausgabe unter dem Titel ›Vom lieben Gott und Anderes‹
erschienen, belegen Rilkes intensives Studium der russischen
Geschichte und Volksliteratur, auch seine Beschäftigung mit
der italienischen Renaissance im Zusammenhang mit seiner
Reise nach Florenz. Was die religiöse Haltung betrifft, darf man
sich vom naiv-frommen Ton einiger der Geschichten nicht in
die Irre führen lassen. Die ›Geschichten vom lieben Gott‹ stellen
ebenso ein Ergebnis von Rilkes Kritik am Christentum dar wie
die ›Christus-Visionen‹, die Erzählung ›Der Apostel‹ von 1896
und, später, ›Der Brief des jungen Arbeiters‹. Die Art der Got-
tesvorstellung in diesen Geschichten hat kaum Gemeinsamkei-
ten mit der christlichen Heilslehre. »Gott« erscheint in Rilkes
›Geschichten vom lieben Gott‹ als eine Richtung, als ein Wesen,
das hinter den Dingen versteckt ist und das in allem erfahren
werden kann, nur eben in Christus nicht.

Einige Monate nach dem Erscheinen des ›Stunden-Buchs‹ erhält Rilke einen
Brief seines neuen Verlegers Anton Kippenberg:
»Zu unserer und gewiß auch Ihrer Freude hat das Stundenbuch allerorts
eine sehr günstige Aufnahme gefunden, und eine Reihe von Besprechungen
ist bereits in unseren Händen. ... Fest abgesetzt sind bisher 136 Exemplare,
ausserdem dürfen wir annehmen, dass von den bedingt versandten auch etwa 50 verkauft sind. Da das Buch sich an eine kleine Gemeinde wendet, so
dürfen wir mit diesem Ergebnis gewiss zufrieden sein.«
Anton Kippenberg an Rilke, 24. März 1906

Worpswede, Paris und Rom

Freunde wehren nicht unserer Einsamkeit,
sie beschränken nur unser Alleinsein.
›Schmargendorfer Tagebuch‹,
15. September 1900

Rilke ›begegnete‹ Ländern, Landschaften und Städten so, wie er auch Menschen begegnete: offen, sensibel, neugierig, im Fremden immer das Eigene suchend und niemals das aus dem Auge verlierend, was er als seine Berufung ansah – die eigene künstlerische Weiterentwicklung. Wenn Rilke eine Beziehung zu einem Ort herstellen konnte, was manchmal mit anfänglichen Schwierigkeiten verbunden war wie in Paris oder in der Schweiz, dann wurde diese Beziehung auch dichterisch fruchtbar. Wenn er aber keine »poetische Beziehung« zu seiner räumlich-dinglichen Umgebung fand, begann Rilke zu leiden, und dann war ein erneuter Ortswechsel die für ihn naheliegendste Lösung, um seine Psyche wieder zu stabilisieren und den kreativen Prozeß von neuem anzuregen. Ortswechsel bedeuteten in Rilkes Leben häufig, daß eine innere Veränderung im Gange war. Auch die Gründe für Rilkes Übersiedlung nach Worpswede sind in inneren Entwicklungen zu suchen, allerdings in solchen, über die sich nur schwer etwas Definitives sagen läßt.

Worpswede in Niedersachsen, unweit von Bremen, war um die Jahrhundertwende ein kleines Dorf in einer dünn besiedelten Moor- und Heidelandschaft. Die Künstler, die sich hierher zurückgezogen hatten, wollten ihre Kunst in der Nähe zur Natur weiterentwickeln und die Landschaft studieren. Der Rückzug aufs Land war unter den Künstlern der Jahrhundertwende ein häufig zu beobachtendes Phänomen und entsprach dem

Heinrich Vogeler (1872–1942) wurde in Bremen geboren. Ab 1894 war er in Worpswede tätig. Im Jahr 1925 ging er nach Rußland, wo er in der Art des sozialistischen Realismus malte und schließlich in Kasachstan starb.

kulturpessimistischen Zug der Zeit. Die Worpsweder Künstler
– Heinrich Vogeler, Fritz Mackensen, Hans am Ende, Otto Modersohn und Fritz Overbeck – waren erstmals 1895 einer breiten
Öffentlichkeit bekannt geworden, als Mackensen bei der Jahres-
ausstellung im Münchner Glaspalast die Goldmedaille erhielt
und die Neue Pinakothek ein Bild von Modersohn erwarb. Der
mit Abstand erfolgreichste der Worpsweder war allerdings
Heinrich Vogeler. Er entwickelte sich im Laufe der Zeit immer
mehr zu einem Kunsthandwerker, dessen graphische Arbeiten,
aber auch Möbel- und Raumgestaltungen sich europaweit
großer Beliebtheit erfreuten, allerdings nicht bei seinem alten
Freund Rilke, der sich seinem Verleger gegenüber später
äußerst kritisch über Vogeler äußerte.

Am 27. August 1900, unmittelbar nach der Rückkehr von der
Rußlandreise mit Lou, fährt Rilke nach Worpswede zu Heinrich
Vogeler auf den Barkenhoff, wo er in den Worpsweder Kreis
eingeführt wird. Rilke nimmt am gemeinsamen Alltagsleben in
Worpswede ebenso teil wie an Museums- und Theaterbesuchen
in Bremen oder Hamburg (die Worpsweder hatten sich zwar
aufs Land zurückgezogen, wußten aber die Bequemlichkeiten
und das kulturelle Angebot der nahen Städte durchaus zu
schätzen). Häufig besucht Rilke Vogeler, Mackensen und Modersohn in ihren Ateliers und schaut ihnen bei der Arbeit zu.
Und der junge Dichter, den die Mutter in der Kindheit von
Gleichaltrigen ferngehalten und der in Berlin in Gesellschaft
immer im Schatten Lous gestanden hatte, fühlt sich in der Gemeinschaft gleichgestimmter Seelen rasch wohl. Jedenfalls dann,
wenn die Geselligkeiten, die nahezu jeden Abend stattfinden,
im Zeichen der Kunst stehen, wenn die Gespräche um Natur
oder Musik, Malerei und Literatur kreisen. Dem feucht-fröh-
lichen Feiern der Worpsweder kann Rilke dagegen nur wenig
abgewinnen, denn dabei erkennt er die vertrauten Menschen

58

Worpsweder Künstlerkreis:
Fritz Mackensen (1866–1953) war als
erster der Worpsweder Künstler 1884
für kurze Zeit in das abgelegene Dorf
gekommen. Die Einsamkeit und die
Farben der Natur gefielen ihm so
sehr, daß er 1889 mit seinen Freunden
Hans am Ende (1864–1918) und Otto
Modersohn (1865–1943) nach Worps-

wede zurückkehrte. Als letzte schlossen sich Heinrich Vogeler und der
ebenfalls aus Bremen stammende
Fritz Overbeck (1869–1909) an.

nicht wieder: »Ich empfinde in stetem Wechsel Vereinsamung und Teilnahme«, notiert er am 12. September in sein Tagebuch für Lou. So muß er auch jenen Abend erlebt haben, der für ihn zunächst enttäuschend verläuft und dann doch noch eine glückliche Wendung nimmt: »Ich war unglaublich einsam. Mir schien, als gingen die Worte gar nicht auf mich zu, als liefen sie immer im Kreis um die Lachenden herum. Natürlich kam es dazu, daß man ein Gedicht zurechtfügte für Vogeler: Ulk, Ulk, Ulk ..., schauerliches Ende deutscher Geselligkeit.« Rilke zieht sich zurück in die Stille seines Zimmers, wo er wenig später unverhofft Besuch erhält: »Aber das Ende war doch noch schön, und die Mädchen in Weiß haben das gemacht. Ich öffnete die Tür meines Zimmers, welches blau und kühl wie eine Grotte dunkelte. Ich stieß mein Fenster auf, und da kamen sie zu dem Wunder und lehnten hell in die Mondnacht hinaus, die ihre lachheißen Wangen kalt umgab. Und nun sind sie hier alle so rührend in ihrem Schauen. Halb Wissende, d.h. Maler, halb Unbewußte, d.h. Mädchen. ... Dann gewinnt der Künstler in ihnen Macht und schaut und schaut, und wenn er tief genug geworden ist in seinem Schauen, sind sie wieder an der Grenze ihres eigenen Wesens und Wunders und gleiten leise wieder in ihr Mädchenleben hinein. Darum schauen sie immer lange in die Landschaft ... Und so standen sie an meinem Fenster, und alle sie, die ich vor einer Weile nur ungern in meine Stube gelassen hätte, als ihre Lustigkeit sie verzerrt hatte, sie brachten jetzt ein Geheimnis herein mit dem, was sie lebten, und ich war ihnen dankbar für

22 Clara Rilke-Westhoff, Gemälde von Paula Modersohn-Becker, 1905. **Clara Henriette Sophie Westhoff** (1878–1954), Bildhauerin und Malerin, studierte unter anderem in München bei F. Fehr und C. Schmid-Reutte. Nach der Trennung von Rilke lebte sie bis 1919 in München, von 1919 bis zu ihrem Tod in Fischerhude. Ihr Werk zeigt in der Auseinandersetzung mit der bewegten Form den Einfluß Rodins und neigt zum Skizzenhaften. Ab 1925 wendet sie sich zunehmend der Malerei zu und regt die prismatische Form bei Arthur Segal an.

ihre Schönheit, die mein großes Fenster weiß, einfach umfaßte.
– So schied ich herzlich von allen.«

Mit zwei der »Mädchen in Weiß« verbindet Rilke eine ganz
besondere Beziehung: mit Paula Becker und Clara Westhoff. Paula Becker, Tochter eines Bahnbeamten in Bremen, hatte in Eng-
land und Berlin studiert und war im Herbst 1898 nach Worpswede gekommen, um bei Mackensen zu lernen. Nachdem die
Bilder, die sie im Dezember 1899 in der Bremer Kunsthalle aus-
gestellt hatte, von einem einflußreichen, anti-modernistisch ein-
gestellten Kritiker gnadenlos verrissen worden waren, war Paula
froh, für einige Monate in Paris studieren und arbeiten zu können. In dieser Zeit verliebte sie sich in den zehn Jahre älteren,
verheirateten Otto Modersohn. Auch nach dem frühen Tod von
dessen Frau im Juni 1900 und nach Paulas Rückkehr aus Paris
verhielten die beiden sich derart diskret, daß die Worpsweder
Freunde noch längere Zeit nichts von ihrer Liebe ahnten.

Clara Westhoff war die Tochter des wohlhabenden Bremer
Importkaufmanns Friedrich Westhoff und dessen zweiter Frau
Johanna. Anders als Paula Becker mußte Clara Westhoff bei der
Verwirklichung ihrer künstlerischen Ambitionen nicht gegen
ihre Familie ankämpfen. Sie durfte mit 17 drei Jahre auf den
Kunstschulen in München und Dachau verbringen, und ihre El-

23   Paula Becker (links) mit Clara Westhoff (rechts) in ihrem Atelier

tern hatten auch nichts dagegen, daß sie nach Worpswede ging, um wie Paula bei Mackensen zu lernen. Mackensen, Maler und Bildhauer, erkannte schnell, wo Claras eigentliche künstlerische Begabung lag, und brachte ihr die Grundkenntnisse des Modellierens bei. Clara und Paula verband schon kurz nach ihrer ersten Begegnung eine tiefe Zuneigung und ein Gefühl der gegenseitigen Ergänzung. »Die möchte ich zur Freundin haben«, schreibt Paula im Dezember 1898 in ihr Tagebuch, »groß und prachtvoll anzusehen ist sie und so ist sie als Mensch und so ist sie als Künstler.« Die beiden jungen Frauen arbeiten in Worpswede häufig zusammen und verbringen den größten Teil ihrer Freizeit miteinander. Paula besuchte Clara 1899 in Leipzig, wo diese bei Max Klinger studierte, und als Clara nach Paris ging, um Anatomie zu studieren, folgte Paula ihr kurze Zeit später. Mit einem Empfehlungsschreiben Klingers gelangte Clara sogar an die Schule Auguste Rodins, von dem sie Rilke im Herbst 1900 ausführlich erzählte.

Als Rilke den beiden jungen Frauen in Worpswede begegnet, glaubt er, eine Inkarnation der verträumten, ihrem ersten Liebeserlebnis halb sehnsuchtsvoll, halb ängstlich entgegenschmachtenden Mädchengestalten aus seinen frühen Gedichtbänden vor sich zu sehen. *Eine* Inkarnation. Denn die Gegensätze in Aussehen und Temperament der beiden – Paula eher zierlich, lebhaft, impulsiv und manchmal schnippisch, Clara groß,

Wieviel lerne ich im Schauen dieser beiden Mädchen, besonders der blonden Malerin, die so braune schauende Augen hat! Wieviel näher fühl ich mich jetzt wieder allem Unbewußten und Wunderbaren, wie damals in den Tagen der ›Mädchenlieder‹. Wieviel Geheimnisvolles ist in diesen schlanken Gestalten, wenn sie vor dem Abend stehen oder wenn sie, in samtenen Sesseln lehnend, mit allen Linien lauschen. Weil sie die Empfangendsten sind, kann ich der Gebendste sein. Mein ganzes Leben ist voll der Bilder, mit denen ich zu ihnen reden kann; alles, was ich erfahren habe, wird Ausdruck für das, was tief hinter der Erfahrung liegt. Und ich kann oft mit neuen Stoffen, einfachen Stoffen diejenigen Gefühlsnuancen wecken, die bei mir ursprünglich an komplizierte Vorgänge gebunden waren.

›Schmargendorfer Tagebuch‹,
16. September 1900

Max Klinger (1857–1920) schuf neben seinen Radierungen, die er mit virtuoser Beherrschung der technischen Mittel erstellte, zum Teil umstrittene Monumentalmalereien, in denen sich der Naturalismus der Radierungen mit idealistischen Bestrebungen mischt. Als Bildhauer bemühte er sich, die farbige Plastik der Antike zu erneuern.

> Mädchen, Dichter sind, die von euch lernen
> *das* zu sagen, was ihr willig *seid*.
> Und sie lernen leben an euch, Fernen,
> wie die Abende an großen Sternen
> sich gewöhnen an die Ewigkeit …
>
> Keine darf sich je dem Dichter schenken,
> wenn sein Auge auch um Frauen bat;
> denn er kann euch nur als Mädchen denken,
> das Gefühl in euren Handgelenken
> würde brechen von Brokat.
>
> *Schmargendorfer Tagebuch, 10. September 1900*

zurückhaltend, nachdenklich – scheinen Rilke zwei Seiten einer einzigen Persönlichkeit zu sein, jener Mädchengestalt, frei von allen irdischen Erwartungen und Forderungen, die er so gerne als Muse des Dichters imaginiert.

Im Gedicht (s. o.) wird der erotische Charakter der Beziehung zwischen den Mädchen und dem Dichter zwar nicht geleugnet, aber er wird auch nicht ausgesprochen. Die Libido wird im Schaffensprozeß sublimiert und im künstlerischen Werk aufgehoben, d. h. sowohl aufgelöst als auch aufbewahrt.

Die Worpsweder Wirklichkeit sah vermutlich ganz ähnlich aus. Die Kombination aus Schüchternheit und Boheme, die Paula und Clara verkörpern, bezaubern Rilke. Er geht spazieren – mal mit Paula, dann mit Clara, dann mit beiden –, er besucht sie in ihren Ateliers, liest ihnen vor und genießt der beiden Bewunderung. Er führt lange Gespräche über Kunst – mal mit Paula, dann mit Clara, dann mit beiden. Er schildert diese Begegnungen, bei denen die Luft vor erotischer Spannung geknistert haben muß. Ob Rilke in Paula oder in Clara oder in beide wirklich verliebt war – darüber gibt das Tagebuch keinen Aufschluß. Lou dürfte allerdings vor Wut und Eifersucht gekocht haben, als sie die Schwärmereien des Geliebten über die zwei ihr unbekannten jungen Frauen las. Rilke will sich zwar nicht von Lou trennen, aber er will sich in Worpswede eine Heimat schaffen. Nachdem er mit den Worpswedern einige Tage in Hamburg

> **»Mädchen-Klage«**
> *(Neue Gedichte)*
>
> Diese Neigung, in den Jahren,
> da wir alle Kinder waren,
> viel allein zu sein, war mild;
> andern ging die Zeit im Streite,
> und man hatte seine Seite,
> seine Nähe, seine Weite,
> einen Weg, ein Tier, ein Bild.

verbracht hat, schreibt er am 27. September ins Tagebuch: »Da entschloß ich mich, in Worpswede zu bleiben«. Am 5. Oktober kehrt Rilke dann aber plötzlich nach Berlin zurück, obwohl er sich in Worpswede schon ein kleines Haus gemietet hat. Was ihn dazu bewogen hat, seine scheinbar so festen Pläne von einem Tag auf den anderen umzuwerfen, wissen wir nicht. Man darf also spekulieren. Möglicherweise hat die Mitteilung Paula Beckers und Otto Modersohns von ihrer

24 Das alte Haus in Worpswede. Gemälde von Otto Modersohn, 1897

bevorstehenden Heirat und die damit einhergehende Entzauberung des idealisierten »Mädchens« zu einer jungen Frau mit sehr irdischen Bedürfnissen und Plänen eine Rolle gespielt. Oder es trifft, zumindest für den Moment, die Begründung zu, die Rilke am 24. Oktober Frieda von Bülow für seinen Abschied von Worpswede gibt: »Es ergab sich aber, daß ich doch von allen Hilfsmenschen und Hilfsmitteln, welche meine Arbeiten (besonders die russischen) brauchen, zu sehr entfernt wäre und Gefahr liefe, mit dem mühsam errungenen Studium alle Zusammenhänge zu verlieren.« Unwahrscheinlich ist es dagegen, daß Rilke und Clara Westhoff sich in dieser Zeit schon mit ernsten Heiratsabsichten trugen und etwa prüfen wollten, ob ihre Beziehung auch eine längere Trennung überstehen würde.

Rilkes Grundstimmung in den folgenden Monaten ist düster. Am 13. Dezember notiert er in sein Tagebuch: »Wenn jedem Tod

Und ich dachte noch, das Leben
hörte niemals auf zu geben,
daß man sich in sich besinnt.
Bin ich in mir nicht im Größten?
Will mich Meines nicht mehr trösten
und verstehen wie als Kind?

Plötzlich bin ich wie verstoßen,
und zu einem Übergroßen
wird mir diese Einsamkeit,
wenn, auf meiner Brüste Hügeln
stehend, mein Gefühl nach Flügeln
oder einem Ende schreit.

(wie jedem Leben) eine bestimmte begrenzte Frist zugemessen ist, so müssen mir Tage wie die letzten dann gezählt und abgerechnet werden. Denn sie sind Tage unter der Erde, Tage in Feuchtigkeit und Fäulnis.« Gegen Ende des Jahres wachsen die Spannungen zwischen Rilke und Lou. Entnervt schreibt Lou am Silvesterabend in ihr Tagebuch: »Was ich will vom kommenden Jahr, was ich brauche, ist fast nur Stille, – mehr Alleinsein, so wie es bis vor vier Jahren war.« Drei Wochen später wird sie noch deutlicher: »Damit Rainer fortginge, *ganz* fort, wär ich einer Brutalität fähig. (*Er muß fort!*)« Inzwischen ist Paula Becker für zwei Monate nach Berlin gekommen, und Clara Westhoff besucht die Freundin in den ersten zwei Februarwochen. Clara trifft sich häufig mit Rilke. Dann fallen Entscheidungen: Rilke und Clara Westhoff verloben sich; Mitte Februar gibt Rilke seine Wohnung in der Misdroyer Straße auf und zieht für kurze Zeit in ein Hotel um, und am 26. Februar schickt Lou Rilke einen Brief, den sie theatralisch »Letzter Zuruf« überschreibt. In diesem Abschiedsbrief sagt sie sich von Rilke los, stellt ihn als wahnsinnsgefährdet und sich selbst als durch die Beziehung mit ihm »verzerrt, zerquält, überangestrengt« dar. Zwar verstellt sie Rilke nicht jeden Weg zu ihr – sie erneuert ihr beim Abschiedsgespräch gegebenes Versprechen: »Wenn einmal viel später Dir schlecht ist zu Muthe, dann ist bei uns ein Heim für die schlechteste Stunde.« –, doch die Trennung von der Frau, die ihn so gut kannte wie niemand sonst und der er so viel zu verdanken hatte, traf Rilke hart. Daß sie Freunde fürs Leben werden sollten, konnte keiner von beiden ahnen.

64

25 Rainer Maria Rilke. Unvollendetes Gemälde von Paula Modersohn-Becker, Paris, Ende Mai 1906. Bremen, Paula-Becker-Modersohn-Haus

Wieder versucht Rilke, übergangslos zur Normalität zurückzukehren, und er nimmt dabei offensichtlich keine Rücksicht auf
seinen physischen und psychischen Energiehaushalt. Er besucht
seine Mutter in Arco, fordert ausstehende Honorare ein, bemüht
sich um eine Lesung in München. Am 15. März ist er dann in
Bremen, und dort verschafft ihm sein Körper die Ruhepause,
die er so nötig braucht: Ein Scharlachfieber zwingt ihn für mehrere Wochen ins Krankenbett. Aus dieser Zeit sind zwei Ge-
dichtentwürfe in russischer Sprache erhalten, in der Sprache also, die er mit Lou zusammen gelernt hatte. Sie beginnen mit
den Zeilen »Ich wurde so müd ...« und »Ich bin so allein. ...«
Kaum genesen, tritt Rilke am 28. April 1901 mit Clara Westhoff
in Bremen vor den Traualtar. Bis zur Einrichtung des gemeinsamen Hausstandes in Westerwede bei Worpswede wohnt er bei
den Schwiegereltern. An Franziska von Reventlow schreibt er am
Tag seiner Eheschließung, ihr Brief habe ihn erreicht »in einer
Zeit der Verwirrung und des Umsturzes ..., nach der ich eben
erst wieder den Weg einige Schritte weit vor mir erkenne«.

2

Das Zusammenleben von Rilke und Clara Rilke-Westhoff trägt
anfangs Züge derselben bürgerlichen Beschaulichkeit und Selbst-
zufriedenheit, wie sie die anderen Worpsweder Paare zu leben
versuchten – fast zur gleichen Zeit wie Rilke und Clara Westhoff
heiraten Otto Modersohn und Paula Becker, und auch Heinrich
Vogeler führt seine langjährige Freundin Martha Schröder 1901
zum Traualtar. Den Mai 1901 verbringt das Ehepaar Rilke im
Sanatorium ›Weißer Hirsch‹ in Radebeul bei Dresden, danach beziehen sie in Westerwede bei Worpswede ein Bauernhaus an einem Seitenweg der Straße von Lilienthal nach Worpswede.

Der **Jugendstil** war ursprünglich eine Richtung der bildenden Kunst
um 1900, die »durch eigenartig stilisierte Naturformen in schwungvoll-
ornamentaler Linienführung dem
historisierenden Schwulst der Grün-
derzeit entgegentrat« (Gero von
Wilpert: Sachwörterbuch der Literatur. 4. Aufl. Stuttgart: Alfred Kröner,
1964). Der bedeutendste Vertreter
des Jugendstils war der Architekt
Henry van de Velde. Auch wenn
Dichter wie Arthur Schnitzler, Hugo
von Hofmannsthal, Rilke und Stefan
George in einzelnen Werken jugend-
stilhafte Züge aufweisen, so bleibt
die Übertragung des Begriffs auf die
Literatur doch umstritten.

26 Rilke im Jahr 1901.
Büste von Clara Rilke-
Westhoff

Im Sommer reisen Rilke und Clara nach Prag, besuchen Rilkes Vater und treffen auch mit Emil Orlik zusammen. Später trifft dann viel Besuch in Westerwede ein: zunächst Josef Rilke, dann, in sicherem zeitlichem Abstand, Sophie Rilke, auch Rilkes Schwiegervater und Schwager sind zu Gast und schließlich der Maler Melchior von Hugo, der Romancier Friedrich Huch und der Dichter Rudolf Alexander Schröder. Auch wenn sich finanzielle Sorgen bereits abzeichnen, so erlebt Rilke im Herbst 1901 doch eine recht produktive Phase. Im September schreibt er die bemerkenswerte Erzählung ›Der Drachentöter‹, und im gleichen Monat entsteht innerhalb von einer Woche der zweite Teil des ›Stunden-Buchs‹, ›Von der Pilgerschaft‹. Daneben kümmert er sich um seine Publikationen. Im November erscheint bei Axel Juncker in Berlin der kleine Novellenband ›Die Letzten‹, und im gleichen Monat übersendet er seinem Verleger das Manuskript zum ›Buch der Bilder‹, das im Juli 1902 erscheint. Einzelne Gedichte aus dem ›Buch der Bilder‹ brauchen den Vergleich mit reiferen Werken Rilkes nicht zu scheuen, etwa das ›Schluszstück‹ oder das vielzitierte Gedicht ›Herbsttag‹:

Herr, es ist Zeit. Der Sommer war sehr groß.
Leg deinen Schatten auf die Sonnenuhren,
und auf den Fluren laß die Winde los.

Friedrich Huch (1873–1913), Schriftsteller, Vetter der Schriftstellerin Ricarda Huch. Er schrieb Romane – neben dem von Rilke rezensierten ›Peter Michel‹ (1901) unter anderem ›Geschwister‹ (1903), ›Wandlungen‹ (1905) und ›Mao‹ (1907) – und Theaterstücke: ›Drei groteske Komödien‹ (1914).

Befiehl den letzten Früchten voll zu sein;
gieb ihnen noch zwei südlichere Tage,
dränge sie zur Vollendung hin und jage
die letzte Süße in den schweren Wein.

Wer jetzt kein Haus hat, baut sich keines mehr.
Wer jetzt allein ist, wird es lange bleiben,
wird wachen, lesen, lange Briefe schreiben
und wird in den Alleen hin und her
unruhig wandern, wenn die Blätter treiben.

Die letzte Strophe des im September 1902 entstandenen, in die 1906 erschienene zweite Auflage des ›Buchs der Bilder‹ eingereihten Gedichts läßt auf Rilkes seelische Verfassung zur Zeit seines Eintreffens in Paris schließen. Für seine Existenzängste waren nicht zuletzt die Geldnöte verantwortlich, in die er und Clara seit dem Herbst 1901 gerieten. Zwei Menschen wie Rilke und Clara, die ihr Leben nicht dem Geldverdienen, sondern der Kunst geweiht hatten, wären zwar auch weiterhin in der Lage gewesen, sich irgendwie durchzuschlagen. Aber am 12. Dezember war im Westerweder Haus die Tochter Ruth, Rilkes einziges Kind, zur Welt gekommen. Und die Sorge für ein kleines Kind machte die finanziellen Probleme noch beängstigender, als sie ohnehin waren.

Rilke veranschlagt den Lebensunterhalt für sich und seine Familie auf 250 Mark. Das ist nicht eben viel, und Clara

> Für die Frau ist – nach meiner Überzeugung – das Kind eine Vollendung und Befreiung von aller Fremdheit und Unsicherheit: es ist, auch geistig, das Zeichen der Reife; und ich bin erfüllt von der Überzeugung, daß die Künstler-Frau, die ein Kind gehabt hat und hat und liebt, nicht anders als der reife Mann, fähig ist, alle Höhen des Künstlertums zu erreichen, die der Mann unter gleichen Voraussetzungen, d. h., wenn er Künstler ist, erreichen kann. Mit einem Worte, ich halte die Frau, in der tiefes künstlerisches Streben lebt, vom Augenblick ihrer Reife und Vollendung an, dem männlichen Künstler gleich und zu denselben unbescheidenen Zielen berechtigt und berufen, an die er in seinen besten Stunden einsam glauben mag.
> *An Julie Weinmann, 25. Juni 1902*

67

will die Hälfte beitragen. Aber selbst 125 Mark zu beschaffen fällt Rilke schwer, zumal ihm seine Cousinen im Januar mitteilen, daß sie die Unterstützung aus dem Legat Jaroslav Rilkes nur noch bis Mitte 1902 zu zahlen gewillt sind. Rilkes Bücher bringen so gut wie nichts ein, und so bemüht er sich mit nie gekanntem Eifer um Einnahmequellen. Dabei setzt er ein Mittel ein, das er im Laufe seines weiteren Lebens zu einer veritablen Kunstform entwickeln wird: den Bittbrief. Er schreibt an Gustav Pauli, den Direktor der Bremer Kunsthalle, an Richard Muther, den Kunsthistoriker in Breslau, an den flämischen Dichter Pol de Mont, der gerade eine neue Zeitschrift gründet; bei Axel Juncker fragt er an, ob dieser ihn als »litterarische Hilfskraft« im Verlag brauchen könne, bei Heinrich Teweles, dem Sekretär der »Concordia« in Prag, erbittet er ein Darlehen, und beim Landgrafen Alexander Friedrich von Hessen bewirbt er sich gar um die Stelle eines Vorlesers oder Gesellschafters. Rilke ist eminent fleißig in dieser Westerweder Zeit, auch wenn bei weitem nicht alle seine Briefe an vermeintliche Förderer Erfolg bringen. Immerhin vermittelt Pauli ihm Rezensionen für das ›Bremer Tageblatt‹. Rilke bespricht Neuerscheinungen von Friedrich Huch und Herman Bang, Thomas Manns ›Buddenbrooks‹ (»Man wird sich diesen Namen unbedingt notieren müssen«), auch ›Das Jahrhundert des Kindes‹, ein Buch der schwedischen Pädagogin und Schriftstellerin Ellen Key, die bald für einige Jahre zu Rilkes besten Freunden zählen wird. Er schreibt einen Aufsatz über Heinrich Vogeler, den er im Frühjahr 1902 in die Monographie ›Worpswede‹ aufnimmt – eine Brotarbeit, ebenfalls von Pauli vermittelt, in der er neben Vogelers Arbeiten Bilder von Mackensen, Modersohn, Overbeck und Hans am Ende vorstellt. Eine vorübergehende finanzielle Erleichterung bringt das Schriftstellerstipendium der »Concordia«, das Rilke im Januar 1902 zugesprochen wird. Erholung gönnt sich der junge Familienvater nur bei zwei Besuchen im holsteini-

Im übrigen bin ich der Meinung, daß die ›Ehe‹ als solche nicht so viel Betonung verdient als ihr durch die konventionelle Entwicklung ihres Wesens zugewachsen ist. Es fällt niemandem ein, von einem einzelnen zu verlangen, daß er ›glücklich‹ sei, – heiratet aber einer, so ist man sehr erstaunt, wenn er es *nicht* ist! (Und dabei ist es wirklich gar nicht wichtig, glücklich zu sein, weder als einzelner noch Verheirateter.) Die Ehe ist in manchen Punkten eine Vereinfachung der Lebensumstände, und der Zusammen-

27 Sommerabend, Farbdruck nach dem Gemälde von Heinrich Vogeler, 1905.
Bremen, Sammlung Böttcherstraße

schen Haseldorf. Der Lyriker Emil Prinz von Schönaich-Carolath
hatte Rilke im Sommer 1901 eingeladen, ihn auf seinem Schloß zu
besuchen. Ende September 1901 fuhren Rilke und seine Frau für
ein paar Tage nach Haseldorf, und im Sommer 1902 verbringt
Rilke mehrere Wochen alleine dort. Er genießt die Ruhe und Abgeschiedenheit des Schlosses, wohl auch die Illusion, wenigstens
vorübergehend eine Heimat gefunden zu haben, er liest das
›Buch der Bilder‹ Korrektur und zieht sich viele Stunden ins Archiv des Schlosses zurück. Dort studiert er Bücher, Dokumente
und Briefe zur Geschichte einer Reihe von deutsch-dänischen Familien, vertieft sich in Portraitsammlungen, schreibt ab und ex-
zerpiert, wenn auch unsystematisch und ohne selbst zu wissen,
zu welchem Zweck er das alles tut. Manche der Stoffe, die Rilke
diesen alten Unterlagen entnimmt, und viele unmittelbare Eindrücke des Schlosses Haseldorf und seiner Umgebung gehen
später in ›Die Aufzeichnungen des Malte Laurids Brigge‹ ein.

schluß summiert natürlich die Kräfte und Willen zweier junger Menschen,
so daß sie geeint weiter in die Zukunft zu reichen scheinen als vorher. – Al-
lein, das sind Sensationen, von denen sich nicht leben läßt. Vor allem ist die
Ehe eine neue Aufgabe und ein neuer Ernst, – eine neue Anforderung und
Frage an die Kraft und Güte eines jeden Beteiligten und eine neue große
Gefahr für beide.

An Emanuel von Bodman, 17. August 1901

Während Rilke auf Schloß Haseldorf in alten Büchern stöbert, hält sich Clara mit Ruth bei Freunden in Amsterdam auf. Geldsorgen scheinen nicht das einzige gewesen zu sein, was zwischen Rilke und Clara zu Spannungen führte. Clara ließ sich in ihren Gedanken und Meinungen sehr von Rilke beeinflussen. Zu sehr, wie ihre Freundin Paula meinte, die ihr Anfang 1902 schreibt: »Aus Ihren Worten spricht Rilke zu stark und zu flammend. Fordert das denn die Liebe, daß man werde wie der andere?«

Nach einem Jahr Ehe scheint Rilke und Clara dann klar geworden zu sein, daß eine eheliche Gemeinschaft nach bürgerlichem Muster für sie auf die Dauer nicht lebbar war, wobei gleichermaßen wirtschaftliche, psychologische und berufliche Gründe von Bedeutung gewesen sein dürften. Rilke zumindest fühlte, daß er für seine künstlerische Weiterentwicklung einer Form von Einsamkeit bedurfte, die mit Claras Wünschen und Ruths Bedürfnissen nicht zu vereinbaren war. Er nimmt deshalb im Sommer 1902 das Angebot Richard Muthers an, für dessen ›Sammlung illustrierter Monographien‹ den Band über Auguste Rodin zu schreiben und zu diesem Zweck nach Paris zu gehen. Ende August reist Rilke aus Westerwede ab. Er überläßt Clara die Auflösung des Hausstands und kümmert sich unterdessen in Paris um eine Wohnung, die beide Anfang Oktober beziehen, nachdem Clara die kleine Ruth bei ihren Großeltern in Oberneuland untergebracht hat. In Paris wohnen Rilke und Clara noch zusammen, auch wenn sich die Woche über jeder seiner eigenen Arbeit widmet und sie sich nur am Sonntag sehen. Später in Rom sollten sie dann getrennte Wohnungen beziehen. Danach verbringen sie nur noch selten mehr als ein paar Tage mit-

Rilke war unfähig, sich seinem Kind liebevoll zuzuwenden, ja, er fühlte sich von dem kleinen Wesen geradezu bedroht. Nach seinem Weihnachtsbesuch bei Frau und Kind 1904 schreibt er, es sei schwer gewesen, »Weihnacht zu leben, Glocken zu hören, Ferne, Stille und Kindheit; schwer, das Neue aufzufassen, das Ruth ist, – schwer, ihrem lieben und prüfenden Entgegenkommen greifbar da zu sein; allzuschwer zu lieben, alle jene Aufmerksamkeit, Kraft, Güte und Hingabe zu haben, aus der Liebe besteht. Rathlos, das war alles was ich war, unfähig inmitten aller äußeren Unruhe, jemand zu sein, der zu sein, der zu sein, der ich werde. Zerstreut war ich wenn die »kleine Stimme« zu mir sprach, nicht bereit dafür und nicht sicher genug ... Wie solche Kinderhände einen ausgraben, aus der Erde herausnehmen und beschauen; ach und ich denke sie müssen mich völlig wertlos finden.«   *An Lou Andreas-Salomé, 7. Januar 1905*

einander, auch wenn der Kontakt nie ganz abreißt und brieflich zeitweise sehr intensiv gepflegt wird.

Es ist bemerkenswert, wie schnell Rilke die zentrale Leiderfahrung seiner Kindheit, den Schmerz der emotionalen Verlassenheit, an seine Tochter weitergab und sogar noch durch die räumliche Trennung verschlimmerte. Ganze eineinhalb Jahre hat Rilke in den ersten

28 Clara und Ruth in Worpswede

zehn Lebensjahren seiner Tochter mit dieser zusammen verbracht, und er hat seine Entscheidung, Frau und Kind zu verlassen, nie ernsthaft in Zweifel gezogen. Später, als Ruth dem Kindesalter entwachsen war und er mit ihr korrespondieren, ihr Bücher schenken und sich um ihre Bildung kümmern konnte, fiel es Rilke leichter, Vater zu sein. Rilke handelte sicher nicht bewußt böswillig an seinem Kind. Er litt darunter, daß er nicht in der Lage war, eine Beziehung zu ihm aufzubauen, und ihm wie einem völlig fremden Menschen gegenüberstand.

3

Am 28. August trifft Rilke in Paris ein. Er folgt der Empfehlung des Schriftstellers Arthur Holitscher, den er noch aus Prag kennt, und nimmt sich ein Zimmer im Studentenviertel nahe des Jardin du Luxembourg. Seine erste Wohnung in Paris ist 11, rue Toullier – die Adresse, mit der die ›Aufzeichnungen des Malte Laurids Brigge‹ beginnen. In seinen ersten Tagen in Paris

Es handelt sich in der Ehe für mein Gefühl nicht darum, durch Niederreißung und Umstürzung aller Grenzen eine rasche Gemeinsamkeit zu schaffen, vielmehr ist die gute Ehe die, in welcher jeder den anderen zum Wächter seiner Einsamkeit bestellt und ihm dieses größte Vertrauen beweist, das er zu verleihen hat.

An Emanuel von Bodman, 17. August 1901

sieht Rilke den Louvre, Notre Dame, das Musée du Luxembourg und das Panthéon. Am 1. September besucht er Auguste Rodin in dessen Atelier, für den folgenden Tag lädt Rodin ihn in seine Villa im Vorort Meudon ein. Offensichtlich ist dieser junge Dichter, von dem er noch nie gehört hat und dessen Bücher er nicht lesen kann, dem zweiundsechzigjährigen Bildhauer sympathisch. Die Briefe an Clara, in denen Rilke in diesen Wochen seine beinahe täglichen Begegnungen mit Rodin schildert, klingen begeistert. Der deutschsprachige Dichter will sich den französischen Bildhauer zum Vorbild nehmen.

Wie Rodin hat sich auch Rilke in den letzten Jahren zu »unwürdiger Arbeit« genötigt gefühlt. Aber für die Zwänge der Brotarbeit, die ihn nach Paris geführt hat, sieht er sich reichlich entschädigt durch die Begegnung mit Rodin. Nach wenigen Tagen fühlt sich Rilke in dessen Gegenwart bereits so sicher, daß er ihn ganz direkt zu fragen wagt, wie man als Künstler leben solle. Rodins Antwort: »*Il faut travailler, rien que travailler. Et il faut avoir patience.*« Arbeiten, nichts als arbeiten, und Geduld haben. Die Worte Rodins werden zu Rilkes künstlerischem Credo. Nach ihm zu leben wird ihm zwar nie auf Dauer gelingen. An der Richtigkeit seiner Überzeugung zweifelt er gleichwohl zu keiner Zeit: »Gut in Arbeit sein« wird für Rilke zu einem Synonym für ›mit sich und der Welt im Einklang stehen‹. Noch in Paris beginnt er mit der »Arbeit«. Wenn er gerade nicht in Rodins Atelier

29 »Ich wohnte zuerst rue Toullier 11; es war ganz gut, aber zu sehr mitten im Studentenleben und in einer zu engen Gasse; zwölf Fenster waren auf meines gerichtet von gegenüber ... Nach fünf Wochen siedelte ich hierher über. Die rue de l'Abbé de l'Epée ist eine Seitenstraße ... Mein Zimmer au cinquième hat einen Balkon und davor erst Gärten, dann ein Gefüge von Häusern, zusammengefaßt von der Kuppel des Panthéon. Und Himmel und Morgen und Abend ...« In der rue Toullier beginnen die ›Aufzeichnungen des Malte Laurids Brigge‹: »So, also hierher kommen die Leute, um zu leben, ich würde eher meinen, es stürbe sich hier ...«

dem Meister bei der Arbeit zusieht, besucht er den Louvre, wo ihn Botticelli, Leonardo und die Antike am meisten faszinieren, oder die Bibliothèque Nationale. Dort liest er moderne Franzosen – Geffroy, Baudelaire, Flaubert und die Brüder Goncourt –, vertieft sich in Reproduktionen mittelalterlicher Kathedralen und studiert die ›Chroniques de Sire Jean Froissart‹, die zu einer wichtigen Quelle für die historischen Gestalten in den ›Aufzeichnungen des Malte Laurids Brigge‹ werden. Außerdem studiert er systematisch das ›Deutsche Wörterbuch‹ der Gebrüder Grimm, nicht auf der Suche nach sprachlichen Pretiosen, sondern um die Bedeutungsvielfalt der Worte nutzen zu lernen und um semantisch präzise zu schreiben. Das künstlerische Ziel, das er in den folgenden Jahren entwickelt – Vorstellungen an der Grenze des Sagbaren in Sprache zu verwandeln – erfordert sowohl syntaktische Genauigkeit als auch einen möglichst großen Wortschatz.

Rilke selbst schätzte den Einfluß Rodins auf sein Werk als sehr groß ein. Tatsächlich findet sich das, was Rilke als besondere Eigenschaften an dem Franzosen hervorhebt, in seiner eigen Kunsttheorie aber schon seit dem ›Florenzer Tagebuch‹: die Zweckfreiheit der Kunst und das genaue Beobachten als wichtigste Aufgabe des Künstlers, wichtiger als Gefühl und Phantasie. Auch den Künstler als einsamen Menschen lernte Rilke nicht erst in Rodin kennen. Michelangelo, Iwanow und Tolstoj hatte er bereits als ›Einsame‹ wahrgenommen, später wird er auch in Baudelaire, Cézanne und van Gogh große, einsame Künstler erkennen. Möglicherweise traf er in Rodin aber auf eine Vaterfigur, die ihm den Impuls gab, auf dem schon eingeschlagenen Weg ein großes Stück weiterzugehen.

Anfang Oktober trifft Clara in Paris ein. Rilke und seine Frau ziehen in die rue de l'Epée um, mit dem festen Vorsatz »zu arbeiten, wie wir noch nie gearbeitet haben«. Rilke bespricht Neuerscheinungen von Jakob Wassermann, Siegfried Trebitsch, Ka-

73

Deutsches Wörterbuch, eine von Jacob (1785–1863) und Wilhelm (1786–1859) Grimm begonnene Sammlung aller deutschen Wörter. Das auf 16 Bände angelegte Werk, dessen erster Band 1854 erschienen ist, wurde 1960 abgeschlossen.

rin Michaëlis, Richard Muther und anderen, übernimmt gelegentliche Lektoratsarbeiten für den Verlag von Axel Juncker und knüpft Kontakte zu dem in Paris wohnenden spanischen Maler Ignacio Zuloaga sowie zu dem norwegischen Dichter Johan Bojer und seiner Frau, die ebenfalls hier leben. Den Kontakt zu den Bojers hatte Ellen Key vermittelt, mit der Rilke seit September eine seinerseits rasch sehr persönlich werdende Korrespondenz führte. Im November beginnt Rilke mit der Niederschrift der Rodin-Monographie. Auch wenn ihm Auftragsarbeiten wie diese zunehmend lästig werden, so zeigen seine Aufsätze, Buchkritiken und auch seine zwei Monographien doch, daß die Arbeit des Kritikers und Deuters ihm in seinen künstlerischen Lehrjahren auch innerlich nahelag. Rilkes ›Auguste Rodin‹, das bereits im März 1903 erscheint, nur einen Monat nach der Monographie über die Worpsweder Maler, ist keine kunsthistorische Abhandlung, sondern das sehr persönliche Bekenntnis eines schreibenden Künstlers zu einem gestaltenden. Seit der dritten Auflage von 1907 erscheint die Monographie zusammen mit einem als ›Auguste Rodin. Zweiter Teil‹ betitelten Vortrag, den Rilke 1905 in Dresden und Prag über Rodin hielt und in dem er den Menschen Rodin in den Mittelpunkt seiner Darstellung rückte.

74

30 **Auguste Rodin** (1840–1917), französischer Bildhauer. Rodin empfing die stärksten künstlerischen Eindrücke von Michelangelo und der Gotik. Kennzeichnend für seine Arbeiten ist eine bewegte und zerklüftete Oberfläche, auf der Licht und Schatten eindrucksvolle Wirkungen erzielen. Vom skizzenhaften und fragmentarischen Charakter seiner Skulpturen – manche Figuren sind nur zum Teil aus dem Block herausgearbeitet – geht ein besonderer Reiz aus. Bekannteste Arbeiten: ›Ehernes Zeitalter‹ (1876–1880), ›Die Bürger von Calais‹ (seit 1884; in Calais 1895 aufgestellt), ›Der Denker‹ (1889–1904) und das Denkmal für Balzac (1892–1897).

Das ist die Hauptsache, daß man nicht beim Träumen, beim Vornehmen, beim In-Stimmung-Sein bleibt, sondern immer mit Gewalt alles in Dinge umsetzt. Wie Rodin es getan hat. Warum ist er durchgedrungen? Nicht weil er Beifall gefunden hat. Seiner Freunde sind wenige, und er steht, wie er sagt, auf dem Index. Aber sein Werk war da, eine enorme, grandiose Wirklichkeit, über die man nicht weg kann. Damit hat er sich Raum und Recht erzwungen. … Wenn Rodin da unter seinen Dingen umhergeht, da fühlt man, wie ihm von ihnen immerfort Jugend, Sicherheit und neue Arbeit zuströmt. Er kann nicht irre werden. Sein Werk steht wie ein großer Engel neben ihm und schützt ihn … sein großes Werk! *An Clara Rilke, 5. September 1902*

Trotz Rilkes angestrengter Arbeit wird seine und Claras finanzielle Bedrängnis kaum geringer. Für sein Rodin-Buch erhält er ganze 150 Mark, was nur für etwa einen Monat reicht. Und das vorhandene Geld genügt nicht einmal, um zu Weihnachten nach Oberneuland zu fahren. So verbringen Rilke und Clara den Jahreswechsel in Paris. Rilke fühlt sich erschöpft, leidet unter immer neuen Influenza-Anfällen und kann die Stadt kaum noch ertragen. Die Anerkennung durch Ellen Key, die sein Buch ›Vom lieben Gott und Anderes‹ begeistert aufgenommen hat und seinen Namen in Schweden bekannt machen will, ermutigt Rilke ein wenig, aber noch ist nicht abzusehen, daß diese Freundschaft ihm neue Perspektiven eröffnen wird. In einer anderen Korrespondenz sieht sich Rilke plötzlich in einer noch ungewohnten Rolle: der des Ratgebers. Anfang des Jahres hat

Als erstes Ergebnis seiner neuen Arbeitsweise betrachtete Rilke das Gedicht ›Der Panther‹, das früheste und wohl auch bekannteste Stück aus den ›Neuen Gedichten‹. Voraussetzung für seine Entstehung war nicht die Versenkung des Dichters in die eigene Gefühlswelt, sondern die Konzentration auf das in der Außenwelt beobachtete Objekt:

Sein Blick ist vom Vorübergehn der Stäbe
so müd geworden, daß er nichts mehr hält.
Ihm ist, als ob es tausend Stäbe gäbe
und hinter tausend Stäben keine Welt.

Der weiche Gang geschmeidig starker Schritte,
der sich im allerkleinsten Kreise dreht,
ist wie ein Tanz von Kraft um eine Mitte,
in der betäubt ein großer Wille steht.

Nur manchmal schiebt der Vorhang der Pupille
sich lautlos auf -. Dann geht ein Bild hinein,
geht durch der Glieder angespannte Stille -
und hört im Herzen auf zu sein.

sich ein Zögling der Militärakademie Wiener-Neustadt, Franz Xaver Kappus, mit der Bitte an ihn gewandt, einige Gedichte zu begutachten. In seiner Antwort zielt Rilke sogleich auf den Kern des Problems: »Gehen Sie in sich. Erforschen Sie den Grund, der Sie schreiben heißt; ... gestehen Sie sich ein, ob Sie sterben müßten, wenn es Ihnen versagt würde zu schreiben. Dieses vor allem: fragen Sie sich in der stillsten Stunde Ihrer Nacht: muß ich schreiben? Graben Sie in sich nach einer tiefen Antwort. Und wenn diese zustimmend lauten sollte, ... dann bauen Sie Ihr Leben nach dieser Notwendigkeit; Ihr Leben bis hinein in seine gleichgültigste und geringste Stunde muß ein Zeichen und Zeugnis werden diesem Drange.« Der Briefwechsel zwischen den beiden erstreckt sich, mit großen Unterbrechungen, über fünf Jahre. In den Briefen an den acht Jahre jüngeren Kappus macht Rilke nach und nach seine gesamte Lebensanschauung zum Thema, und gelegentlich kann man sich des Eindrucks nicht erwehren, Rilke habe die Briefe nicht nur als Hilfe für den Adressaten, sondern auch zur Selbstvergewisserung geschrieben. Nach Rilkes Tod wurden diese Briefe unter dem Titel ›Briefe an einen jungen Dichter‹ veröffentlicht, seither immer wieder aufgelegt und in zahlreiche Sprachen übersetzt.

Depressiv und ausgelaugt verläßt Rilke im März 1903 das hektische Paris in Richtung Italien. In Viareggio steigt er bei seinen früheren Wirten Malfatti ab, wenn auch nicht im selben Haus wie 1897. Er mietet eine kleine, strohgedeckte Hütte am Strand und widmet sich in den nächsten Wochen vor allem drei Dingen: Er liest, schreibt und badet. Kontakt zu anderen Gästen sucht er nicht, auch ein Treffen mit der Mutter, die ihn von Arco aus besuchen will, lehnt er ab. Auf diese Weise schafft Rilke sich beste Voraussetzungen zum Arbeiten, und er wird belohnt: Mitte April entsteht in einer einzigen Woche der dritte Teil des ›Stunden-Buchs‹, ›Von der Armut und vom Tode‹. Es enthält

O wo ist der, der aus Besitz und Zeit
zu seiner großen Armut so erstarkte,
daß er die Kleider abtat auf dem Markte
und bar einherging vor des Bischofs Kleid.
[...]

Darstellung der Idealgestalt des heiligen Franz von Assisi,
›Von der Armut und vom Tode‹

pantheistische Vorstellungen, kultur- und religionskritische
Elemente, ebenso wie die beiden früheren Bücher. Neu hinzu
kommen aber einige Themen, die Rilke zwar seit Jahren beschäftigten, die aber bis dahin noch kaum ins Werk eingegan-
gen waren: die Vorstellung vom eigenen Tod, Polemiken gegen
die Lebensfeindlichkeit der Städte und die Auffassung von der
Armut als Gottesnähe.

Die ›Armen‹ im Stunden-Buch sind die Außenseiter der städ-
tischen Gesellschaft, die Rilke in Paris zwar nicht zum ersten Mal
gesehen, aber anscheinend zum ersten Mal wahrgenommen hat.

Diesen stellt Rilke, dem die Angst vor der eigenen Verarmung keine Ruhe ließ, am Ende des Buches ›Von der Armut
und vom Tode‹ die Idealgestalt des heiligen Franz von Assisi
gegenüber, der gerade deshalb Gott näher stand, weil er auf
materiellen Besitz verzichtete. Dahinter steht der Gedanke, daß
die Jagd nach materiellen Gütern die Konzentration auf die We-
sentlichkeiten des Lebens – und die liegen für Rilke im geisti-
gen Bereich – verhindere.

4

Die Kraft, die Rilke in Viareggio geschöpft hat, hält nicht lange
vor. Kaum zurück in Paris, beginnen die Influenza-Anfälle von
neuem, und auch seine Depressionen holen ihn bald wieder ein.
In seiner Verzweiflung wendet er sich im Juni zum ersten Mal
seit über zwei Jahren an Lou Andreas-Salomé. Da er ihren Aufenthaltsort nicht kennt, läßt er ihr den Brief über Johanna Niemann, eine Freundin Lous, zukommen. Er möchte Lou wiedersehen, doch sie will vorerst den Kontakt nur brieflich wieder
aufnehmen. Im Juli und August schildert Rilke der Freundin
seine Bedrängnis in neun langen Briefen, und Lou tut das, was

»… sein, was ich bin, leben, was
mir zu leben gesetzt war, klingen
wollen, was keiner sonst klingen
kann, die Blüthen bringen, die
meinem Herzen befohlen sind:
das will ich – und das kann doch
nicht Überhebung sein.«
An Ellen Key, 3. April 1903

> Ich möchte Dir sagen, liebe Lou, daß Paris eine ähnliche Erfahrung für mich war wie die Militärschule; wie damals ein großes banges Erstaunen mich ergriff, so griff mich jetzt wieder das Entsetzen an vor alledem was, wie in einer unsäglichen Verwirrung, Leben heißt. Damals als ich ein Knabe unter Knaben war, war ich allein unter ihnen; und wie allein war ich jetzt unter diesen Menschen, wie fortwährend verleugnet von allem was mir begegnete; die Wagen fuhren durch mich durch, und die welche eilten, machten keinen Umweg um mich und rannten voll Verachtung über mich hin wie über eine schlechte Stelle in der altes Wasser sich gesammelt hat.
>
> *An Lou Andreas-Salomé, 18. Juli 1903*

sie fortan bis zu Rilkes Tod tun wird: sie deutet, rät, tröstet und bietet dem ruhelosen Rilke auf diese Weise den vielleicht einzigen festen Bezugspunkt in seinem Leben.

Rilkes Ehe war gescheitert, er hatte das Gefühl, mit dem Leben nicht zurechtzukommen, in der Arbeit keine Fortschritte zu machen und den Alltag nicht bewältigen zu können – sogar das Busfahren wird ihm zu einer traumatischen Erfahrung: »Die Omnibusse sind für meine Unbeholfenheit nicht eingerichtet.« Mit seiner Neigung, hohe Ansprüche an sich selbst zu stellen und hart mit sich ins Gericht zu gehen, macht er sich das Leben noch zusätzlich schwer. Seine und Claras Versuche, einen Ausweg zu finden, scheitern. Anfang Juli fahren sie zurück nach Worpswede zu Vogelers, aber den Worpswedern ist Rilke mittlerweile längst entfremdet, und die Geburt von Vogelers zweiter Tochter im August veranlaßt die Rilkes, nach Oberneuland zu den Schwiegereltern zu ziehen. Dort macht man ihm zum Vorwurf, daß er seine Familie immer noch nicht ernähren kann, und das Zusammenleben mit dem Schwiegervater, der unter Verkalkung leidet und zu Tobsuchtsanfällen neigt, gestaltet

> Denn, Herr, die großen Städte sind
> verlorene und aufgelöste;
> wie Flucht vor Flammen ist die größte, –
> und ist kein Trost, daß er sie tröste,
> und ihre kleine Zeit verrinnt.
>
> Da leben Menschen, leben schlecht und schwer,
> in tiefen Zimmern, bange von Gebärde,
> geängsteter denn eine Erstlingsherde;
> und draußen wacht und atmet deine Erde,
> sie aber sind und wissen es nicht mehr.   ...
>
> *›Das Stunden-Buch‹*

sich schwierig. Rilke und Clara reisen nach Marienbad, wo sie
Rilkes Vater treffen, dann nach Venedig und Florenz. Im September treffen die beiden schließlich in Rom ein. Clara bezieht
Atelier und Wohnung in der Villa Strohl-Fern, Rilke wohnt bis
Ende November in der Via del Campidoglio 5 und zieht dann
in das Studio al Ponte im Park der Villa Strohl-Fern. In Rom
wird Rilke zwar nicht im selben Maß von Ängsten heimgesucht
wie in Paris, aber heimisch fühlt er sich dennoch nicht. Er klagt
über das Wetter, über den Museumscharakter der Stadt, über
seinen anhaltend schlechten Gesundheitszustand. Mit den Arbeiten, die er sich vorgenommen hat, kommt er nicht voran. Zu
Anfang des neuen Jahres gelingen ihm zwar die drei großen
Gedichte ›Hetären-Gräber‹, ›Orpheus. Eurydike. Hermes‹ und
›Geburt der Venus‹, die er später an den Schluß der ›Neuen Gedichte‹ stellt, und am 8. Februar beginnt er mit den ›Aufzeichnungen des Malte Laurids Brigge‹. Aber es sind eben nur ein
paar Gedichte und wenige Seiten in Prosa. Innerlich hat er
schon nach kurzer Zeit von Rom Abschied genommen. Er spürt,
daß er den Weg zurück in die
Arbeit dort nicht finden kann,
erst recht nicht, nachdem ihn
seine Mutter besucht hat. Rilke denkt zurück an Paris, an
Rußland, das mit Japan im
Krieg steht. Er kauft sich eine
dänische Grammatik, weil er
plant, ein Buch über Jens Peter Jacobsen zu schreiben, er
liest Sören Kierkegaard. Der
Wunsch, Dänemark kennen-
zulernen, den er hegt, seit er
zum ersten Mal Jacobsen gele-

31 Rilke im Studio al Ponte im
Garten der Villa Strohl-Fern in Rom,
1904: »... das Stehpult, an dem ich
meistens bin, hat seinen Platz in der
Mitte des Zimmers, so daß es sich
beider Fenster erfreut.«

32 Rainer Maria und Clara Rilke-
Westhoff Ende 1903 in Rom

sen hat, wird wieder lebendig.
Die Freundschaft mit Ellen
Key ermöglicht es ihm nun,
diese Pläne konkret werden
zu lassen. Ellen Key hält im
April in Göteborg und Lund
Vorträge über den von ihr be-
wunderten Rilke und ver-
schafft ihm eine Einladung
nach Schweden. Einmal mehr
bricht Rilke seine Zelte ab und
reist im Juni 1904 in den Nor-
den. In dem Brief aus Rom,
mit dem er sich bei Ellen Key
für die Einladung bedankt,
schreibt Rilke: »Mir ist als
müsste das ein Wendepunkt
sein und ein guter Anfang
von vielem Guten!!«

Ellen Key (1849–1926), schwedische
Schriftstellerin und Pädagogin.
Wichtigste Werke: ›Das Jahrhundert
des Kindes‹ (dt. 1902; von Rilke rezensiert), ›Seelen und Werke‹ (1911).

»Werk des Gesichts ist getan, ...«

A m 24. Juni 1904 trifft Rilke nach stürmischer Überfahrt in Kopenhagen ein. Er besucht die Glyptothek, bevor er weiterfährt nach Schweden, wo er bei Hanna Larsson und dem Maler Ernst Norlind in Borgeby-Gård zu Gast ist. Hier erholt sich Rilke von den Strapazen der vorangegangenen Monate. Rilke genießt die neue Umgebung und, nachdem Norlind nach Rußland abgereist ist, auch die Einsamkeit. Er geht viel spazieren, vertieft sich in die Geschichte von Borgeby-Gård, liest Jacobsen und Herman Bang im Original, übersetzt die Briefe Sören Kierkegaards an seine Verlobte. Ende August trifft Rilke dann schließlich auch mit Ellen Key zusammen. Ihr Hauptwerk, ›Das Jahrhundert des Kindes‹ (1900), ein engagiertes, an Eltern und Erzieher gerichtetes Plädoyer für den Respekt vor der Persönlichkeit des Kindes, hatte Rilke im Juni 1902 im ›Bremer Tageblatt‹ rezensiert.

Ende August kommt Clara für einige Wochen nach Schweden, und nachdem Ellen Key eine Woche in Borgeby verbracht hat, fährt man zu dritt nach Furuborg zu Freunden von Ellen Key. Danach sind die Rilkes in Kopenhagen, und Rilke lernt dort die Schriftsteller Georg Brandes und Karin Michaelis kennen. Weil er sich gesundheitlich immer noch nicht in bester Verfassung fühlt, läßt er sich in Kopenhagen untersuchen. Die Diagnose – Blutarmut, Kreislaufstörungen und Erschöpfung – ist nicht gerade niederschmetternd, erklärt aber wenigstens teilweise, weshalb Rilke in Schweden zwar eine Menge Pläne machte – ein Buch über Jacobsen zu schreiben, ein Studium zu beginnen, zu

Sören Kierkegaard (1813–1855), dänischer Theologe und Philosoph. Kierkegaard lehnte die bloß intellektuelle Aneignung des Christentums ab. Die allein christliche Existenz sei die Nachfolge Christi auf dem Weg des Leidens, jenseits aller Anpassung und Vermittlung. Diese Existenz sei Sache des Einzelnen. Kierkegaards Werke erlangten nach dem Ersten Weltkrieg große Bedeutung. Auf ihn gehen zwei der wichtigsten modernen Bewegungen zurück, die Abwendung des deutschen Protestantismus vom Liberalismus (dialektische Theologie) und die Existenzphilosophie.

reisen –, aber außer einigen Gedichten kaum etwas fertigstellte. Außerdem überarbeitet er den ›Cornet‹. Die in Schweden entstandene zweite Fassung erscheint im Herbst 1904 in der ›Deutschen Arbeit‹ unter dem Titel ›Die Weise von Liebe und Tod des Cornets Otto Rilke‹. Erst nach einer weiteren Überarbeitung im Frühjahr 1906 erhält das Werk seine endgültige Form und den Titel ›Die Weise von Liebe und Tod des Cornets Christoph Rilke‹. Auch ›Die weiße Fürstin‹ überarbeitet Rilke in Schweden, und schließlich fertigt er noch eine Reinschrift des Anfangs der ›Aufzeichnungen des Malte Laurids Brigge‹ an, der im Februar in Rom entstanden war. Auch diesen Romananfang wird er später allerdings wieder verwerfen.

Neben gesundheitlichen Gründen hält Rilke die Beschäftigung mit einem gänzlich neuen Thema vom Dichten ab. Seit Anfang Oktober ist er in Furuborg zu Gast bei James und Lizzie Gibson, die er durch Ellen Key kennengelernt hat. James Gibson ist Zivilingenieur und Förderer der »Högre Samskola« in Göteborg, einem von Privatleuten initiierten Schulversuch, in dem verschiedene Anregungen aus der pädagogischen Reformbewegung der Jahrhundertwende in der Praxis erprobt werden. Das Ziel der Samskola besteht darin, den Kindern die Möglichkeit zu geben, ihre Begabungen frei und ungestört zu entwickeln. Der gequälte ehemalige Militärschüler Rilke begeistert sich spontan für diese Reformschule. Er hält eine Lesung vor 200 Besuchern in den Räumen der Schule, schreibt einen Aufsatz, in dem er die Ziele der Schule propagiert, und plant sogar eine Zeitlang, zusammen mit Clara in Norddeutschland eine Samskola zu gründen. Aber der lange Atem für die Verwirklichung sozialer Projekte fehlte Rilke, und so gelangte das Vorhaben nie über das Planungsstadium hinaus.

Das Engagement für die Samskola blieb eine Ausnahme in Rilkes Leben. Zwar äußerte Rilke sich punktuell zu gesellschafts-

33 Furuborg in Jonsered bei Göteborg. Hier verbrachte Rilke den Spätherbst 1904 als Gast von James und Lizzie Gibson, »in täglicher Arbeit; schlechte und gute, aber Arbeit um jeden Preis« (an Clara Rilke-Westhoff, 19. November 1904).

politischen Fragen. Die Voraussetzung dafür war allerdings, daß er sich vom jeweiligen Thema menschlich berührt fühlte. So schrieb er beispielsweise Anfang 1901 einen offenen Brief an den Herausgeber der ›Zukunft‹, Maximilian Harden, in dem er Partei für einen Kindsmörder ergriff, weil dieser Rilkes Meinung nach kein faires Gerichtsverfahren erhielt. Etwa zur selben Zeit unterschrieb er eine Petition, die darauf abzielte, den die Homosexualität betreffenden Paragraphen 175 des Strafgesetzbuches zu liberalisieren – Dehmel, Hauptmann, Liliencron und Schnitzler hatten ebenfalls unterzeichnet. Nach seiner Rückkehr aus Schweden erreichte Rilke die Umfrage der »Vereinigung für Schulreform, Bremen«, die sich zum Ziel gesetzt hatte, den Religionsunterricht in Schulen abzuschaffen. Rilke unterstützte die Forderung nachdrücklich und verwies dabei auf das Beispiel der Samskola, wo der formelle Religionsunterricht abgeschafft war. An einigen anderen Meinungsbekundungen Rilkes zur Politik erkennt man aber, daß es ihm zutiefst fremd war, in seinen politischen Überlegungen über die Anteilnahme als Mensch und Künstler hinauszugehen und in historischen oder politischen Zusammenhängen zu denken. Sein Beitrag für den von Dr. Julius Moses 1907 herausgegebenen Band ›Die Lösung der Judenfrage‹ ist zwar in keiner Weise geeignet, Rilke als Antisemiten zu diskreditieren, aber er bleibt in seinen Aussagen eigentümlich vage und hebt das Problem von der politischen auf eine geistig-religiöse Ebene. Im August 1914 ließ Rilke sich von der allgemeinen Kriegseuphorie mitreißen und stimmte in ›Fünf Gesängen‹ ein lyrisches Tedeum an den »Kriegs-Gott« an, das man ihm allenfalls deshalb verzeihen kann, weil er so schnell wie kaum ein anderer der deutschen Dichter und Denker, nämlich schon nach wenigen Wochen, wieder zur Vernunft kam. Am Ende des Krieges sympathisierte Rilke dann zeitweilig mit den republikanisch und fortschrittlich gesonnenen Kräften in München. Die freund-

»Es ist eine ungewöhnliche, eine völlig unimperativische Schule; eine Schule, die nachgibt, eine Schule, die sich nicht für fertig hält, sondern für etwas Werdendes, daran die Kinder selbst, umformend und bestimmend, arbeiten sollen. Die Kinder, in enger und freundlicher Beziehung mit einigen aufmerksamen, lernenden, vorsichtigen Erwachsenen, Menschen, Lehrern, wenn man will. Die Kinder sind in dieser Schule die Hauptsache.«

Aus Rilkes ›Samskola‹-Aufsatz

lichen Worte schließlich, die er im Januar und Februar 1926 gegenüber der Duchessa Aurelia Gallarati-Scotti für Benito Mussolini findet, zeigen, daß Rilke zeitlebens empfänglich blieb für die Suggestivwirkung von vermeintlich starken Männern, die sich als Überväter gerierten. Rilke war ein unpolitischer Mensch. Sein Auftrag war Dichtung. Politik war dabei Nebensache.

2

Anfang Dezember 1904 fährt Rilke nach Kopenhagen, wo er den dänischen Maler J. Sven Hammershöj besucht. Am 9. Dezember verläßt er Kopenhagen, wohin er ebensowenig wie nach Schweden je zurückgekehrt ist. Den Winter verbringt Rilke dann mit Frau und Tochter in Oberneuland, in einer Umgebung, die seinen in Schweden mühsam zurückgewonnenen Optimismus bald wieder zunichte macht. Influenza-Anfälle und eine langwierige Zahnbehandlung drücken ihm aufs Gemüt, und über allem steht die bange Frage, wie es finanziell weitergehen soll. Unverblümt fragt er seinen Freund James Gibson: »Giebt es jemanden Reichen, den man für uns interessieren und gewinnen könnte, jemanden, der z.B. das Manuscript der weißen Fürstin kaufen und meine künftigen Manuscripte erwerben würde?« Im Frühjahr überweist ihm Ellen Key dann ihr Honorar für einen Vortrag, den sie in Prag über Rilke gehalten hat. Rilke verwendet dieses Geld aber nicht etwa für den Lebensunterhalt oder als Reserve. Er begibt sich, ohne eigentlich krank zu sein, mit seiner Frau für sechs Wochen in eine der teuersten Kuranstalten Europas, in das Sanatorium »Weißer Hirsch« bei Dresden. Die Investition sollte sich lohnen, denn dort lernt er die Gräfin Luise von Schwerin kennen, die ihn mit einer Reihe von wohlhabenden und einflußreichen Menschen bekannt macht. Durch

En politique, je n'ai aucune voix, aucune – et je me défends d'y engager aucun sentiment.«
An Aurelia Gallarati-Scott,
23. Januar 1923

diese wiederum lernt Rilke noch andere gutsituierte, kulturbe-
flissene und meist adlige Gönnerinnen und Gönner kennen, denen er zahlreiche Einladungen auf Schlösser und Landsitze an
einigen der schönsten Plätze Europas verdankt – und seinen
postumen Ruf als eleganter Schnorrer. Der materielle Aspekt
spielte in Rilkes Beziehungen zu seinen adligen Freundinnen
und Freunden jedoch allenfalls eine untergeordnete Rolle. Rilke, der sich bescheiden und vorwiegend vegetarisch ernährte
und keinen besonderen Wert auf den Besitz materieller Güter
legte, war ein billiger Kostgänger. Und die, die ihn einluden,
konnten das Geld, das sie für ihn ausgaben, leicht verschmer-
zen, zumal sie ihn aus Neigung und nicht aus Notwendigkeit
bei sich aufnahmen. Dafür bekamen sie die Gegenleistung, die
sie erwarteten: die Gesellschaft eines – nach der Veröffentlichung des ›Stunden-Buchs‹, des ›Buchs der Bilder‹, des ›Cornet‹ und der ›Neuen Gedichte‹ – immer bekannter werdenden
Dichters, der über ausgezeichnete Umgangsformen verfügte,
sensibel, intelligent und einfühlsam war, eine nicht eben häufi-
ge Verbindung angenehmer Eigenschaften. Und auch wer Rilkes zeitweiliges Leben im Luxus kritisiert, muß ihm zugute halten, daß er sich seine geistige Freiheit in den Schlössern genau-
sowenig nehmen ließ wie in seinem armseligen Zimmer in der
rue Toullier in Paris.

Im Frühjahr 1905 macht Rilke einen letzten Versuch, seine Stu-
dienpläne zu verwirklichen. Er will in Berlin bei Georg Simmel
hören, muß aber nach drei Wochen schon erkennen, daß eine
akademische Ausbildung nicht der Weg ist, auf dem er zu dieser
Zeit weitergehen kann, und er verlegt den Beginn kurzerhand
auf den folgenden Winter. Wichtiger ist für Rilke im Sommer
1905 aber etwas anderes. Im Juni sieht er zum ersten Mal nach
viereinhalb Jahren Lou Andreas-Salomé wieder, die inzwischen
mit ihrem Mann nach Göttingen übergesiedelt ist.

Reiche Gönner Rilkes:
Julie Freifrau von Nordeck zur
Rabenau (1842–1928),
Gudrun von Uexküll (1878–1969),
Alice Faehndrich (1857–1908),
der Bankier und Schriftsteller
Karl von der Heydt sowie dessen
Ehefrau Elisabeth Fürstin Marie von
Thurn und Taxis

34 Friedelhausen an der Lahn, zwischen Marburg und Gießen, Wohnsitz der Gräfin Schwerin

Als der Entschluß, mit dem Studium nun doch nicht zu beginnen, feststeht, hält Rilke nichts mehr in Berlin. Nach kurzen Aufenthalten in Halberstadt, Kassel und Marburg folgt er einer Einladung der Gräfin Schwerin auf Schloß Friedelhausen an der Lahn, wo er, zeitweise zusammen mit Clara, den Rest des Sommers verbringt. Für die Zeit danach hat sich unverhofft eine völlig neue Perspektive ergeben: Im Juli erreichte Rilke ein Brief von Rodin, mit dem dieser ihn nach Paris einlädt und ihm anbietet, seinen Aufenthalt durch eine Anstellung als Sekretär zu finanzieren. Am 12. September trifft Rilke in Paris ein, wo er zunächst im Hôtel du Quai Voltaire absteigt und danach bei Rodin in Meudon wohnt. Die Rahmenbedingungen für seine Tätigkeit bei Rodin erscheinen Rilke anfangs äußerst angenehm. Zwei Stunden am Vormittag soll er präsent sein und in dieser Zeit vor allem die Korrespondenz erledigen. Dafür erhält er 200 Francs, etwa halb so viel, wie er braucht, um in Paris einigermaßen gut leben zu können. Der Nachmittag und Abend stehen Rilke zur freien Verfügung. Er muß jedoch schnell erkennen, daß er sehr viel mehr Zeit und Konzentration für die Arbeit benötigt, als er zunächst angenommen hat, teils weil viel Korrespondenz zu erledigen ist, teils weil er im Aufsetzen geschäftlicher Briefe in französischer Sprache über keinerlei Erfahrung verfügt, teils sicherlich auch, weil er seine inneren Widerstände gegen die weisungsgebundene Tätigkeit eines Sekretärs auch Rodin zuliebe nicht gänzlich überwinden kann. Aber für die

Ich will Dir nicht viel sagen von allem, wie ich es hier lebe, wie es mich hier stärkt und sammelt und ermutigt. Oft wünschen wir, Du wärest hier bei uns, wenn wir im Garten sitzen und lesen oder über alle die Dinge sprechen, mit denen ich Dich oft gequält habe und die nun um so vieles leichter werden oder wenigstens tragbarer in ihrer Schwere ... Und wenn mich nun alles hier freut und mir hilft, so ist unter den wirklichsten Freuden eine kaum mehr unterdrückbare Zuversicht: daß auch Dir dieser liebe weite Mensch [Lou] hier eines Tages wird lieb werden können. *An Clara Rilke-Westhoff, 16. Juni 1905*

Nähe zu Rodin ist Rilke bereit, einiges in Kauf zu nehmen. Rilke darf an Ausflügen und kurzen Reisen Rodins und dessen Frau teilnehmen, und wenn Rodin Besuche empfängt, ist Rilke oft zugegen. Auf diese Weise lernt er unter anderem den Diplomaten und Kunstliebhaber Harry Graf Kessler, den Maler Sir William Rothenstein, Sidonie Nádherný von Borutin mit ihrer Mutter, den belgischen Dichter Emile Verhaeren und, wenngleich flüchtig, auch George Bernard Shaw kennen, als dieser für Rodin Modell sitzt. Alles in allem aber führen die Arbeit und die sozialen Beziehungen, in die er einbezogen wird, zu einer Anspannung, die Rilke kaum zum Schreiben kommen läßt. Ein wenig zu sich selbst finden kann er nur auf zwei Vortragsreisen. Im Herbst 1905 fährt Rilke nach Dresden und Prag, im Februar und März 1906 nach Elberfeld, Hamburg und Berlin, um seinen Rodin-Vortrag zu halten; nur in Berlin ergibt sich die Gelegenheit zu einer Lesung aus eigenen Werken. Es ist die erste vor einem deutschen Publikum. Zu diesem Publikum gehören auch Clara Rilke-Westhoff und Lou Andreas-Salomé, die sich wenige Tage zuvor kennengelernt haben.

Als Rilke sich während seiner zweiten Vortragsreise für ein paar Tage in Worpswede aufhält, erreicht ihn die Nachricht, daß sein Vater im Sterben liegt. Rilke fährt nach Prag, trifft den Vater jedoch nicht mehr lebend an. Er erledigt alle Formalitäten und veranlaßt auch, daß an dem Verstorbenen der Herzstich durchgeführt wird, einem Wunsch Josef Rilkes gemäß, der unter der Angst litt, er könne als scheintot begraben werden. In den ›Aufzeichnungen des Malte Laurids Brigge‹ hat Rilke dieses Erlebnis verarbeitet. Nach dem Begräbnis seines Vaters, an dem teilzunehmen sich Sophie Rilke nicht durchringen konnte, fährt Rilke zunächst nach Berlin und reist Ende März dann nach Paris zurück.

Auf den Verlust des realen Vaters folgte bald der Verlust der idealisierten Vaterfigur. Anfang Mai nimmt Rodin einen banalen

Was sind alle Ruhe-Zeiten, alle Tage in Wald und Meer, alle Versuche, gesund zu leben, und die Gedanken an alles dieses: was sind sie gegen diesen Wald, gegen dieses Meer, gegen das unbeschreiblich getroste Ausruhen in seinem haltenden und tragenden Blick, gegen das Anschauen seiner [Rodins] Gesundheit und Sicherheit. Es rauscht von Kräften, die in einen einströmen, es kommt eine Lebensfreude, eine Fähigkeit zu leben über einen, von der ich keine Ahnung hatte. Sein Beispiel ist so ohnegleichen.

An Clara Rilke-Westhoff, 20. September 1905

Vorfall zum Anlaß, Rilke fristlos zu entlassen. Zwei für Rodin
bestimmte Briefe waren von den Absendern an Rilke adressiert
worden, und dieser hatte sie ohne Rücksprache mit Rodin beantwortet, was dieser als unerträgliche Eigenmächtigkeit empfand. Rilke reagiert erstaunlich souverän. Er mietet sich ein
Zimmer im Haus Nr. 29 in der rue Cassette, schreibt einen langen Brief, in dem er Rodin sachlich, aber bestimmt darauf hin-
weist, daß sein Verhalten ungerechtfertigt und unangemessen
gewesen sei, und – beginnt zu arbeiten: Er bereitet den ›Cornet‹
für den Druck als Einzelausgabe vor und schreibt zahlreiche Gedichte, die er im folgenden Jahr in die ›Neuen Gedichte‹ einreiht.
Rilke hat sich vom Rechtfertigungsdruck, den er seinem Vater
und Rodin gegenüber stets empfand, offensichtlich freigemacht.

Schon im Juni schickt Rilke das Manuskript des ›Cornet‹ an
Axel Juncker, und in den folgenden Monaten diskutiert er mit
seinem Verleger über die Gestaltung des Bandes, bis das Buch
schließlich im Herbst erscheinen kann. Der Inhalt der ›Weise
von Liebe und Tod des Cornets Christoph Rilke‹ läßt sich in
wenigen Sätzen wiedergeben: Der junge Christoph von Rilke
reitet zur Sammelstelle des Heeres und wird von General
Sporck zum Cornet, zum Fahnenträger also, ernannt. Nach einem Fest, das für den Cornet in einer Liebesnacht endet, stürzt
er sich den überraschend angreifenden feindlichen Scharen entgegen und kommt um. Die Quelle, auf der diese Dichtung ba-
siert, bildet eine Aktennotiz aus dem Jahr 1663, in der von einem Christoph Rülcke die Rede ist, der als Cornet »in der Com-
pagnie des Freiherrn von Pirowano des Kaiserl. Oester. Hey-
sterschen Regiments zu Roß zu Zathmar in Oberungarn am 20.
Novbr. 1660 verstorben war«. Im Zuge seiner Bemühungen, die
adlige Abkunft der Familie Rilke zu beweisen, war Jaroslav Rilke in den Besitz dieser Aktennotiz gekommen, die Rilke nach
eigener Aussage im Herbst 1899 in Berlin-Schmargendorf erst-

35 Der Insel-
Verleger Anton
Kippenberg
(1874–1950)

mals zu sehen bekam. In der dichterischen Verarbeitung dieser Quelle verbinden sich die auch von Rainer Maria Rilke gehegten Träume von einer adligen Abkunft mit Lektüreerinnerungen, zeittypische Dekadenz- und Jugendstilelemente mit Liebesbekenntnissen, deren Ton auch nach zwei Überarbeitungen noch die Stimmung Rilkes in seiner Schmargendorfer Zeit spüren läßt.

Nicht nur die Thematik, auch die rhythmisch gehobene Prosa, in der er geschrieben ist, machte den ›Cornet‹ attraktiv für einen breiten Leserkreis. Die kommerzielle Verwertbarkeit dieser Dichtung erkannte Axel Juncker jedoch nicht. Erst als Anton Kippenberg den Text 1912 auf Empfehlung von Stefan Zweig als ersten Band der neu gegründeten Reihe »Insel-Bücherei« veröffentlichte, schnellten die Verkaufszahlen in die Höhe, was Rilke freudig zur Kenntnis nahm: »Lieber Freund, was haben Sie diesen guten Christoph Rilke beritten gemacht. Wer hätte das gedacht.« Noch zu Rilkes Lebzeiten wurden mehr als 100 000 Exemplare verkauft, 1959 wurde die Millionengrenze überschritten, und bis heute ist der ›Cornet‹ das wohl meistgelesene von Rilkes Werken. Die ideologische Vereinnahmung des Buchs und in der Folge auch seines Autors im Ersten Weltkrieg, als der ›Cornet‹ ein beliebtes Mittel zur geistig-moralischen Stabilisierung der jungen Soldaten wurde, war Rilke nicht recht. Schließlich hatte er den Text schon 15 Jahre zuvor und gewiß nicht aus chauvinistischen Motiven geschrieben. Die Popularität des ›Cornet‹ wurde aber durch seine Funktionalisierung im Sinne des Nationalismus ebenso befördert wie durch die gleichzeitig entstehenden zahlreichen Vertonungen, denen Rilke äußerst skeptisch gegenüberstand.

Die eigene Sprache, nach der Rilke seit Jahren suchte, war jedoch nicht die des Cornet. Seit seinem ersten Aufenthalt in Paris

Die Turmstube ist dunkel.
   Aber sie leuchten sich ins Gesicht mit ihrem Lächeln. Sie tasten vor sich her wie Blinde und finden den Andern wie eine Tür. Fast wie Kinder, die sich vor der Nacht ängstigen, drängen sie sich in einander ein. Und doch fürchten sie sich nicht. Da ist nichts, was gegen sie wäre: kein Gestern, kein Morgen; denn die Zeit ist eingestürzt. Und sie blühen aus ihren Trümmern.
   Er fragt nicht: »Dein Gemahl?«
   Sie fragt nicht: »Dein Namen?«
   Sie haben sich ja gefunden, um einander ein neues Geschlecht zu sein.
   Sie werden sich hundert neue Namen geben und einander alle wieder abnehmen, leise, wie man einen Ohrring abnimmt.   *Aus dem ›Cornet‹*

schrieb Rilke Gedichte, mit denen er sich von der wirklichkeits-
fernen Traumwelt und der gefühlsseligen Subjektivität seiner
frühen Sammlungen abwandte. Statt dessen bemüht er sich um
eine Sprache, die sich an der dinglichen Außenwelt orientiert. Eine höchst sensible Wahrnehmung, eine variationsreiche Syntax
und das Ausnutzen aller Nuancen des Wortschatzes kennzeich-
nen die sogenannten Dinggedichte, die in der Zeit von 1902 bis
1908 entstanden und in zwei Sammlungen – ›Neue Gedichte‹
(1907) und ›Der Neuen Gedichte anderer Teil‹ (1908) – veröffentlicht werden. Die Vorbilder, an denen Rilke sich orientierte, sind
neben Baudelaire und Flaubert bildende Künstler: Rodin, van
Gogh und Cézanne. Vorbildhaft wurden sie für Rilke nicht nur
durch ihre Werke, es war vor allem auch die Biographie dieser
Männer, ihre Lebensführung, das Scheitern im persönlichen Bereich, das um der Kunst willen in Kauf genommen werden müsse, die Rilke beeindruckte. In den einsamen Künstlergestalten
fand er seine Erfahrung bestätigt, daß Künstlertum und eine
bürgerliche Existenz unvereinbar seien, und das wiederum bestärkte ihn in der Überzeugung, daß der wahre Künstler keine
andere Wahl habe, als sein Leben der Kunst zu weihen, daß
Kunst ein Auftrag sei, der von demjenigen, an den er ergeht, akzeptiert werden müsse.

Das poetische Konzept der ›Neuen Gedichte‹ bezeichnete Rilke selbst als »sachliches Sagen«, als Sich-Zurücknehmen des
Künstlers zugunsten einer empathischen Einfühlung in das von
ihm geschaffene Kunstding. Zum »sachlichen Sagen« gehörte

Menschlichkeit: Namen schwankender Besitze,
noch unbestätigter Bestand von Glück:
ist das unmenschlich, daß zu dieser Spitze,
zu diesem kleinen dichten Spitzenstück
zwei Augen wurden? - Willst du sie zurück?

Du Langvergangene und schließlich Blinde,
ist deine Seligkeit in diesem Ding,
zu welcher hin, wie zwischen Stamm und Rinde,
dein großes Fühlen, kleinverwandelt, ging?

Durch einen Riß im Schicksal, eine Lücke
entzogst du deine Seele deiner Zeit;
und sie ist so in diesem lichten Stücke,
daß es mich lächeln macht vor Nützlichkeit.

›Die Spitze I‹, ›Neue Gedichte‹

für Rilke, »auch im Schrecklichen und scheinbar nur Widerwär-
tigen das Seiende zu sehen, das, mit allem anderen Seienden,
gilt« (an Clara Rilke-Westhoff, 19. Oktober 1907). Das »Wider-
wärtige« machte er allerdings erst in den ›Aufzeichnungen des
Malte Laurids Brigge‹ zum Gegenstand seiner Dichtung. Die
äußere Wirklichkeit, die sich in den ›Neuen Gedichten‹ präsen-
tiert, ist von anderer Art. Die meisten der Stoffe sind literarisch
vermittelt, entstammen der Bibel oder der antiken Mythologie,
sind angeregt durch Kunstwerke, die Rilke in Museen studiert
hatte, durch Baudenkmäler oder durch Rilkes episodisch betrie-
bene historische Studien. Für den Künstler Rilke war Wirklichkeit in erster Linie Kunstwirklichkeit.

3

Die intensive Schaffensphase, in die Rilke nach dem Tod seines
Vaters und der Entlassung durch Rodin eingetreten ist und die
auch ein wenig harmonisch verlaufender Besuch von Ellen Key
nicht beeinträchtigt hat, wird im August 1906 für einige Zeit
unterbrochen. Zusammen mit
Frau und Kind reist Rilke nach
Belgien, wo sie gemeinsam
Furnes, Ypern, Oostduinkerke
und Brügge besuchen. Den
flandrischen Städten widmet
Rilke in den ›Neuen Gedichten‹ einen ganzen Zyklus.
Nach kurzen Aufenthalten bei
von der Heydts in Godesberg
und in Braunfels trifft die Familie dann auf Schloß Friedel-

36 Seit Herbst 1906 wünschte sich Rilke eine Griechenland-Reise, um dort
einen zweiten Band seiner Rodin-Monographie zu schreiben. Dazu kam es
nicht, doch aus Capri heißt es: »Es
kann keine Landschaft griechischer
sein, kein Meer von antiken Weiten
erfüllter als Land und Meer, wie ich
sie auf meinen Wegen in Anacapri zu
schauen und zu erfahren bekomme.
Da ist Griechenland, ohne die Kunst-
dinge der griechischen Welt, aber fast
wie vor ihrem Entstehen. So, als sollte
das alles noch kommen, liegen da
oben die Steinhalden, und als sollten
auch alle die Götter erst noch erste-
hen, die Griechenlands Überfluß an
Schauern und Schönheit hervorrief.«

hausen ein, wo sie den September verbringt. Danach fahren Rilke und seine Frau nach Berlin. Rilke hilft Clara beim Einrichten eines provisorischen Ateliers in Halensee und reist Ende November wieder ab. Sein Ziel ist Capri. Alice Faehndrich hat ihn eingeladen, den Winter in der Villa Discopoli zu verbringen. Am 4. Dezember, seinem einunddreißigsten Geburtstag, trifft Rilke dort ein. Außer Frau Faehndrich verbringen ihre Stiefmutter, Julie von Nordeck zur Rabenau, genannt »Frau Nonna«, und die vierundzwanzigjährige Gräfin Manon zu Solms-Laubach den Winter hier. Frau Faehndrich stellt Rilke im Park der Villa einen kleinen Pavillon, das »Rosenhäusl«, zur Verfügung. Die folgenden Monate verbringt Rilke mit ruhiger Arbeit, mit langen Spaziergängen in Begleitung von Manon zu Solms-Laubach, und des Abends als Vorleser im Kreis seiner Gastgeberinnen. Vom bunten Leben auf der Insel, das manche seiner Zeitgenossen sehr zu schätzen wußten, nimmt Rilke kaum Notiz. Zwar läßt er sich von Axel Munthe, einem schwedischen Arzt, durch dessen Kunstsammlung führen, und er besucht auch einmal Maxim Gorki – von dem er enttäuscht ist, weil Gorki so wenig in seine Vorstellung vom bescheidenen, geduldigen und gläubigen Russen paßt. Ansonsten aber genügt Rilke das Zusammensein mit den drei Damen in der Villa, zumal kurze Besuche von Ellen Key und Clara, die im Januar auf dem Weg nach Ägypten für ein paar Tage vorbeikommt, für Abwechslung sorgen.

Rilkes briefliche Beschreibungen der Capreser Landschaft sind mal lyrisch, mal kitschig; einige der Gedichte aber, die während seines Aufenthalts in Capri entstehen, fügen sich nahtlos ein in die schon vorhandene Reihe der ›Neuen Gedichte‹. Unter anderem schreibt Rilke auf Capri ›Alkestis‹, ›Die Rosenschale‹, ›Liebes-Lied‹ und, für den 24. Januar, den ersten Todestag der Gräfin Luise Schwerin, das Gedicht ›Todes-Erfahrung‹. Es ist bezeichnend für Rilkes Einstellung zum Tod und seine daraus folgende

Ich war heute wieder bei seinen [Cézannes] Bildern; ... Ohne ein einzelnes zu betrachten, mitten zwischen den beiden Sälen stehend, fühlt man ihre Gegenwart sich zusammentun zu einer kolossalen Wirklichkeit. Als ob diese Farben einem die Unentschlossenheit abnähmen ein für allemal. Das gute Gewissen dieser Rots, dieser Blaus, ihre einfache Wahrhaftigkeit erzieht einen; ... Man merkt auch, von Mal zu Mal besser, wie notwendig es war, auch noch über die Liebe hinauszukommen; es ist ja natürlich, daß man jedes dieser Dinge liebt, wenn man es macht: zeigt man das aber, so macht man es we-

Einstellung zum Leben: ein Leben, das sich der Erkenntnis seiner Endlichkeit verschließt, stellt einen fehlerhaften Entwurf dar, gerät zu einem Weiterspielen sinnentleerter Standardszenen.

Mit Hilfe von Alice Faehndrich überträgt Rilke auf Capri die ›Sonnets from the Portuguese‹ von Elizabeth Barrett-Browning. Da Rilke des Englischen kaum mächtig ist, liest Alice Faehndrich ihm jedes einzelne der 44 Sonette vor, übersetzt es dem Sinn nach, und Rilke faßt ihre Paraphrasen dann in poetische Sprache. Unter dem Titel ›Elizabeth Barrett-Brownings Sonette nach dem Portugiesischen. Übertragen von Rainer Maria Rilke‹ erscheinen die Gedichte 1908 im Insel-Verlag.

Angeregt durch ein im Insel-Verlag erschienenes Buch des Dänen Carl Larsen schreibt Rilke Anfang des Jahres dann einen Essay über ›Die fünf Briefe der Nonne Marianna Alcoforado‹. Die nonne lebte in der zweiten Hälfte des 17. Jahrhunderts, wurde von ihrem Geliebten verlassen und gelangte durch alle Phasen von Wut und Trauer hindurch zu einem autonomen Liebesgefühl, das über den Geliebten hinausging, seiner nicht mehr bedurfte. Die Nonne, deren Briefe Rilke 1913 in eigener Übersetzung veröffentlichte, zählt zu Rilkes Lieblingsfiguren, da er in ihr eine Bestätigung für seine Überzeugung fand, daß das Wesen wahrer Liebe nicht im gemeinsamen Leben liegt, »sondern darin, daß einer den andern zwingt, etwas zu werden, unendlich viel zu werden, das Äußerste zu werden wozu seine Kräfte reichen«. In seinem Essay schreibt er:»Diese Seele, die fähig war, ein Glück so groß zu empfinden, kann nicht mehr unter das Unermeßliche herabsinken. Ihr Schmerz wird ungeheuer; aber ihre Liebe wächst noch über ihn hinaus: sie ist nicht mehr zu halten. Und schließlich schreibt Marianna dem Geliebten von ihr: ›sie hängt nicht mehr davon ab, wie du mich behandelst‹. Sie hat alle Proben bestanden.«

Clara Rilke-Westhoffs Liebe hatte noch nicht alle Proben bestanden. Sie war noch irdisch genug, darüber enttäuscht zu sein,

niger gut; man *beurteilt* es, statt es zu *sagen.* Man hört auf, unparteiisch zu sein; und das Beste, die Liebe, bleibt außerhalb der Arbeit, geht nicht in sie ein, restiert unumgesetzt neben ihr: so entstand die Stimmungsmalerei … Das ist [bei Cézanne] durchaus nicht gezeigt, und manche werden sogar behaupten, da wäre von keiner Liebe die Rede. So ohne Rückstand ist sie aufgebraucht in der Aktion des Machens. Dieses Aufbrauchen der Liebe in anonymer Arbeit, woraus so reine Dinge entstehen, ist vielleicht noch keinem so völlig gelungen wie dem Alten.   *An Clara Rilke, 13. Oktober 1907*

daß ihr Mann Weihnachten lieber allein auf Capri als mit ihr und seiner Tochter verbringen wollte. Unerwartete Unterstützung fand sie bei Lou Andreas-Salomé, die meinte, Rilke habe kein Recht, »unter Pflichten zu wählen und sich den nächstliegenden und natürlichen zu entziehen«. Rilke drückte seine Wut über Lou auf seine Art aus: Aus dem Jahr 1907 sind keine Briefe an sie erhalten. Auch auf ihre Ägyptenreise geht Clara im Januar zwar begleitet von den guten Wünschen ihres Mannes, aber allein. Drei Monate später holt er sie dann pünktlich in Neapel ab. Sie verbringen noch ein paar Wochen auf Capri, in Neapel und Rom, bevor sich ihre Wege erneut trennen. Am 31. Mai 1907 ist Rilke wieder in Paris.

4

Diesmal braucht Rilke nur wenige Tage, um sich wieder an Paris zu gewöhnen. Er mietet sich wieder für 80 Francs pro Monat inklusive Frühstück in der rue Cassette 29 ein, besucht Kunstausstellungen, beschäftigt sich mit Manet, van Gogh, Maillol, Berthe Morisot, Chardin, Fragonard und arbeitet dann intensiv weiter an den ›Neuen Gedichten‹, an den ›Aufzeichnungen des Malte Laurids Brigge‹ und an seinem Rodin-Vortrag, den er zum »Zweiten Teil« seiner Monographie von 1903 umarbeitet. Bevor er das Manuskript der ›Neuen Gedichte‹ Ende Juli an Anton Kippenberg sendet, der mittlerweile die Leitung des Insel-Verlags in alleiniger Regie übernommen hat, fragt er Clara um ihre Meinung hinsichtlich der Auswahl. Auch bei der Zusammenstellung des zweiten Teils der ›Neuen Gedichte‹ legt er Wert auf die Meinung seiner Frau, und an seiner Deutung der Bilder Cézannes, die er im Oktober im Salon d'Automne anläßlich einer Gedächtnis-Ausstellung für den im Jahr zuvor verstorbenen Maler

94

37 **Karl von der Heydt** (1858–1922) hatte in den ›Preußischen Jahrbüchern‹ das ›Stunden-Buch‹ besprochen und damit einen breiten Leserkreis auf Rilke aufmerksam gemacht. Von der Heydts finanzielle Unterstützung hat dem Dichter später ruhige Arbeitsjahre in Paris ermöglicht. Die ›Neuen Gedichte‹ (I) sind »Karl und Elisabeth von der Heydt in Freundschaft« zugeeignet.

studiert, läßt er sie in 15 Briefen Anteil nehmen. Dabei sind es weniger die einzelnen Bilder oder Motive, die ihn faszinieren, sondern die Aufgabe der Subjektivität und der Reflexion, an deren Stelle das Aufgehen des Künstlers in seinem Werk treten.

Seine »Arbeitshygiene«, wie er das Clara gegenüber nennt, erlaubt Rilke in diesem Jahr keine Pause. Mehr als ein Drittel der Gedichte für ›Der Neuen Gedichte anderer Teil‹ entsteht bereits im August 1907. Rilke ist »gut in Arbeit«, und dies wird ihm für die nächsten Jahre das Wichtigste sein. Eine Einladung Karl von der Heydts lehnt er ab, »Frau Nonna« gegenüber stellt er sein Leben mit den Worten dar: »Ich stehe an meinem Stehpult und sonst nichts«, und Ernst Ludwig Schellenberg, der einen Aufsatz über ihn geschrieben hat, teilt Rilke mit, er werde diesen Aufsatz nicht lesen (»Ich muß mit meiner Arbeit allein sein«). Letzteres hängt allerdings auch mit Rilkes tiefer Abneigung zusammen, Rezensionen seiner Bücher oder gar wissenschaftliche Abhandlungen über sich zu lesen. Kritiken betrachtete er als eine Störung des kreativen Prozesses und eine Einmischung in die Beziehung des Künstlers zu seiner Arbeit und zu seinem Publikum.

Ende Oktober begibt Rilke sich wieder auf eine Vortragsreise, diesmal nach Prag, Breslau und Wien. In Prag, wo er aus eigenen Werken liest, sieht er seine Mutter wieder, darf aber auch eine Teestunde mit der »schönen Baronesse« (an Clara Rilke, 4. November 1907) Sidonie Nádherný von Borutin verleben. Ein Brief von Rodin, der ihn in Prag erreicht und ein Versöhnungsangebot enthält, hellt seine Stimmung noch mehr auf. In den Tagen nach der Wiener Lesung besucht Rilke

38 Rilke im Hôtel Biron in Paris, das heute das Rodin-Museum beherbergt, 1908

Hugo von Hofmannsthal, Rudolf Kassner und andere Wiener Freunde, hält noch einmal seinen Vortrag über Rodin und reist dann weiter nach Venedig. Er wohnt bei der Familie des Kunsthändlers Piero Romanelli. Die zehn Tage, die Rilke in Venedig verbringt, genügen ihm, um sich in Romanellis jüngere Schwester Adelmina (Mimi) zu verlieben. Bis 1912 wechselt er mit ihr französische Briefe, freut sich auf gelegentliche Wiedersehen, vermeidet es aber, eine engere Bindung einzugehen.

In Venedig erreichte Rilke die Nachricht vom Tod Paula Modersohn-Beckers, die in Worpswede bei der Geburt ihrer Tochter gestorben war. Dieser Schicksalsschlag dürfte eine der Ursachen für Rilkes schlechte Verfassung in diesem Winter gewesen sein. Er ist lustlos und deprimiert, leidet wieder einmal unter einer langwierigen Influenza und ist froh, im März und April die Gastfreundschaft Alice Faehndrichs auf Capri genießen zu können. Von Capri aus legt Rilke Anton Kippenberg in einem ausführlichen Brief seine finanzielle Lage dar und betont, wie wichtig für ihn ein längerer, materiell abgesicherter Arbeitsaufenthalt in Paris wäre. Während Kippenberg noch über einem komplizierten, auf den laufenden und den kalkulierten zukünftigen Tantiemen basierenden Finanzierungsmodell für Rilke brütet, erhält dieser ein großzügiges Angebot von Samuel Fischer. 3000 Mark will der Verleger an Rilke überweisen, und er hält sein Angebot auch dann noch aufrecht, als Rilke ihm mitteilt, daß er wegen seiner Verpflichtungen gegenüber dem Insel-Verlag vorläufig keinerlei Gegenleistung anbieten könne. Auch Karl von der Heydt unterstützt Rilke weiterhin, zwischen 1906 und 1909 mit rund 5000 Mark. Mit diesen guten Nachrichten im Gepäck kann Rilke einigermaßen beruhigt nach Paris zurückfahren.

Zwischen Mai und August 1908 entsteht die zweite Hälfte der Gedichte, die Rilke für ›Der Neuen Gedichte anderer Teil‹ bestimmt. Ohne sich eine Pause zu gönnen, arbeitet er dann an

Denn das ist Schuld, wenn irgendeines Schuld ist:
die Freiheit eines Lieben nicht vermehren
um alle Freiheit, die man in sich aufbringt.
Wir haben, wo wir lieben, ja nur dies:
einander lassen; denn daß wir uns halten,
das fällt uns leicht und ist nicht erst zu lernen.

›Requiem für eine Freundin‹

den ›Aufzeichnungen des Malte Laurids Brigge‹ weiter, kommt jedoch nicht so schnell voran, wie er sich das wünscht. Besuche lenken ihn ab: Clara, Ellen Key, Karl von der Heydt und Mimi Romanelli, die sich für einige Zeit in Paris aufhält. Rilke trifft sie häufig und stellt sie auch Clara vor. Die letzte größere Arbeit des Jahres ist das ›Requiem für eine Freundin‹. Rilke schreibt es Anfang November, ein knappes Jahr nach Paulas Tod. Rilkes Auffassung nach war Paulas Tod im Wochenbett der Schlußpunkt des Konflikts, der sie quälte, seit sie sich entschlossen hatte, den Versuch zu wagen, Mutterschaft und Künstlerexistenz in Einklang zu bringen. Durch die Liebe, durch Heirat und Mutterschaft sei Paula in menschliche Bindungen verstrickt worden, von denen sie sich mehr und mehr ihrer Aufgabe als Malerin entreißen ließ. Schuld daran sei eine falschverstandene Liebe gewesen.

Die Unvereinbarkeit von Kunst und Leben ist der zentrale Gedanke des Requiems für Paula: »Denn irgendwo ist eine alte Feindschaft / zwischen dem Leben und der großen Arbeit.« Das ›Requiem für eine Freundin‹ schreibt Rilke nicht nur aus seiner Trauer über den Verlust der Freundin heraus, sondern auch als programmatischen Text. Programmatisch ist auch das wenige Tage später entstandene ›Requiem für Wolf Graf von Kalckreuth‹, einen Lyriker und Übersetzer, der mit 19 Jahren Selbstmord beging. Rilke tadelt die Ungeduld des jungen Mannes, der sich möglicherweise das Leben genommen habe, kurz bevor die Schwere des Lebens sich ins Positive hätte wenden und ihm große Dichtung ermöglichen können. Den Vorwurf nimmt Rilke am Ende zurück mit dem Hinweis auf eine Welt, in der dem Menschen mehr und mehr die Orientierung verlorengehe, Erfahrungen unanschaulich, alle überlieferten Wertmaßstäbe fragwürdig geworden seien und die Suche nach Antworten auf existentielle Fragen gänzlich dem einzelnen überlassen bleibe.

Die großen Worte aus den Zeiten, da
Geschehn noch sichtbar war, sind nicht für uns.
Wer spricht von Siegen? Überstehn ist alles.

›Requiem für Wolf Graf von Kalckreuth‹

Die beiden Requien erscheinen 1909 in einem Band. Rilke legt großen Wert darauf, sie nicht für einen späteren Gedichtband zurückzuhalten. Seit dem Erscheinen von ›Der Neuen Gedichte anderer Teil‹ im November 1908 veröffentlicht Rilke nur noch geschlossene Gedichtkreise in Buchform und faßt nie wieder einzelne Gedichte zu Büchern zusammen. Eine Ausnahme bilden die späten Gedichte in französischer Sprache. Da er auch nur noch selten einzelne Gedichte publiziert, entsteht in den folgenden Jahren der Eindruck, Rilkes lyrische Produktion sei versiegt. Diesen Eindruck gewann auch sein Verleger, dessen Geduld Rilke bis zur Vollendung der ›Duineser Elegien‹ und der ›Sonette an Orpheus‹ auf eine harte Probe stellte.

Die Weihnachtstage verbringt Rilke in diesem Jahr in Paris. Seinen Plan, die Arbeit an den ›Aufzeichnungen des Malte Laurids Brigge‹ im neuen Jahr rasch abzuschließen, kann er nicht verwirklichen. Von Mitte Februar bis in den Frühsommer fühlt er sich so schwach, daß er nicht arbeiten kann. Eine Reise in die Provence verschafft ihm ein wenig Ablenkung, ändert jedoch nichts an seiner schlechten Verfassung. Einen Arzt will Rilke zunächst nicht hinzuziehen. Im September reist er dann aber doch in den Schwarzwald und beginnt in Bad Rippoldsau eine Kur. Er hat den österreichischen Bauernfeld-Preis erhalten, dessen Dotierung ihm den Aufenthalt ermöglicht. Ende September fährt er zum zweiten Mal in diesem Jahr in den Süden. Er wohnt in Avignon und unternimmt Fahrten nach Orange, Carpentras, Beaucaire und vor allem ins Felsendorf Les Baux. Im Oktober ist Rilke wieder in Paris, und irgendwie gelingt es ihm trotz seiner Erschöpfung, seinen Roman bis zum Ende des Jahres abzuschließen. Den Jahreswechsel verbringt er allein, räumt Anfang Januar sein Zimmer im Hôtel Biron und bricht zu Lesungen in Elberfeld, Leipzig und Jena auf. Vom 12. bis 31. Januar wohnt Rilke bei Kippenbergs in Leipzig, wo er die ›Aufzeichnungen‹ diktiert.

39 Les Baux. In den Hugenottenkriegen verwüstete Stadt und Burg

5

›Die Aufzeichnungen des Malte Laurids Brigge‹ beginnen mit der Schilderung traumatischer Erfahrungen des Ich, dessen Sensibilität sich so gesteigert hat, daß es die vielfältigen Sinneseindrücke der Großstadt Paris kaum noch ertragen kann. Der achtundzwanzigjährige Däne Malte Laurids Brigge ist in Paris an einem Nullpunkt seiner Existenz angelangt. Angst vor Verarmung und Krankheit quält ihn, Zweifel an seinen dichterischen Fähigkeiten untergraben sein Selbstbewußtsein, jede Begegnung mit Menschen, jede Beobachtung seiner Umgebung bedroht ihn und ruft Auflösungsphantasien hervor. Schreibend versucht er, etwas gegen seine Angst zu tun, sich wenigstens ein temporäres Selbst zu schaffen. Doch dazu genügt es bald schon nicht mehr, seine Wahrnehmungen zu schildern. Er erinnert sich zurück an seine Kindheit, aus dem vagen Gefühl heraus, daß er die Ursachen für seine Verzweiflung dort finden kann. Als er auch damit nicht weiterkommt, sucht er in fremden Leben nach Deutungsmustern für die eigene Existenz: Dichter, bildende Künstler, Musiker, die Schauspielerin Eleonora Duse, schließlich historische Figuren werden für Malte zu »Vokabeln seiner Not«, wie Rilke seinem polnischen Übersetzer gegenüber bemerkte. Malte findet keinen Ausweg aus seiner Krise. Am Ende der Aufzeichnungen steht eine Bearbeitung des biblischen Gleichnisses vom verlorenen Sohn. Für Malte ist der verlorene Sohn ein Mensch, »der nicht geliebt werden wollte« und der deshalb nach Hause zurückkehren kann, weil die besitzergreifende Liebe seiner Umgebung nicht mehr bis zu ihm hin reicht. Der verlorene Sohn hat sich in sich selbst eingekapselt: »Was wußten sie, wer er war. Er war jetzt furchtbar schwer zu lieben, und er fühlte, daß nur Einer dazu imstande sei. Der aber wollte noch nicht.« Ob Malte überlebt oder ob der fingierte Herausgeber der Aufzeichnungen nachge-

> Je weiter ich es zuende schrieb, desto stärker fühlte ich, daß es ein unbeschreiblicher Abschnitt sein würde, eine hohe Wasserscheide, wie ich mir immer sagte; aber nun erweist es sich, daß alles Gewässer nach der alten Seite abgeflossen ist und ich in eine Dürre hinuntergeh, die nicht anders wird.
> *An Lou Andreas-Salomé, 28. Dezember 1911*

lassene Schriften ediert – aus dem Roman erfährt der Leser es nicht, und Rilkes Äußerungen zu dieser Frage sind widersprüchlich. Jede eindeutige Antwort, gleichgültig wie sie ausgefallen wäre, hätte dem Roman allerdings auch viel von der Faszination genommen, die von ihm ausgeht. Hätte Rilke über Maltes Weiterleben oder Untergang entschieden, dann wäre aus dem jungen Dänen ein für allemal eine literarische Figur mit einem von ihrem Erfinder definierten Schicksal geworden. Gerade der offene Schluß der Aufzeichnungen macht Malte, der stets in der Gefahr lebt, auf seiner Suche nach Halt und Orientierung an einer Welt irre zu werden, deren Strukturen chaotisch sind und deren Wirklichkeit für die Sinne und das Bewußtsein immer unfaßbarer wird, zu einem Spiegelbild des Menschen der Moderne.

Rilkes Ziel in den ›Aufzeichnungen‹ war nicht weniger als »die Bewältigung von fernsten, dunkelsten Kindererinnerungen, die heraufzubeschwören es ihm immer an Mut fehlte«, so jedenfalls beschrieb er es Lou Andreas-Salomé gegenüber. Er begriff den Malte-Roman ursprünglich als Vorstufe zu dem geplanten Militärroman, in dem er die seiner Überzeugung nach schrecklichste Zeit seines Lebens schildern und verarbeiten wollte. Als Vorbedingung dafür schien es ihm erforderlich, »seine Kindheit nochmals zu leisten«, und eben dies wollte er in den ›Aufzeichnungen‹ versuchen, glaubte aber, es nicht erreicht zu haben.

Eine »Wasserscheide« bildeten die ›Aufzeichnungen‹ für Rilke in mehr als einer Hinsicht. Nach dem Abschluß des Romans geriet er in eine jahrelange Schaffenskrise, während der sich Veränderungen in seiner Lebensweise und seinen ästhetischen Anschauungen vollzogen. Die Versuche, seine Kindheit im Werk zu bewältigen, werden ab 1910 immer zaghafter, bis er sie dann völlig aufgibt. An ihre Stelle tritt das Ziel, die Welt zu bejahen, zu rühmen. Es sollte jedoch noch viel Zeit vergehen, bis Rilke in der siebenten Elegie schreiben konnte: »Hiersein ist herrlich.«

»... tue nun Herz-Werk«

Denn des Anschauns, siehe, ist eine Grenze.
Und die geschautere Welt
will in der Liebe gedeihn.

Werk des Gesichts ist getan,
tue nun Herz-Werk

›Wendung‹

Nachdem er das Druckmanuskript der ›Aufzeichnungen‹ im Haus seines Verlegers diktiert hat, geht Rilke daran, einige der sozialen Aktivitäten nachzuholen, auf die er in den vorangegangenen Jahren seiner Arbeit zuliebe weitgehend verzichtet hat. Er verbringt drei Wochen mit Clara und Ruth in Berlin, ist dann nochmals bei Kippenbergs zu Gast und fährt im Frühjahr für vier Wochen nach Rom, wo er die ›Aufzeichnungen‹ Korrektur liest. In Rom trifft Rilke regelmäßig mit Hedwig und Samuel Fischer zusammen, auch die mit Ellen Key befreundete Eva Cassirer sieht er häufig. Im April hält Rilke sich erstmals als Gast der Fürstin Marie von Thurn und Taxis auf deren Felsenschloß Duino bei Triest auf. Dort sind Prinz Alexander (Pascha), der jüngere Sohn der Fürstin, andere Familienangehörige und Rudolf Kassner anwesend. Die gemeinsame Freundschaft mit Kassner war es, die die Gräfin dazu bewogen hatte, dem ihr bis dahin persönlich nicht bekannten Rilke Ende 1909 nach Paris zu schreiben und sich mit ihm zum Tee zu verabreden. Die Einladung nach Duino wurde schon kurze Zeit später ausgesprochen. Von Duino aus fährt Rilke nach Venedig, um sich in den dortigen Bibliotheken für ein Buch über Carlo Zeno vorzubereiten, einen venezianischen Admiral des 14. Jahrhunderts. Er muß aber

Aber in diesen Büchern und Buchkatalogen bin ich genau so aussichtslos unfindig, wie wenn ich ein Kleeblatt oder Erdbeeren suchen soll. Man kommt mir entgegen, als wäre ich ein Gelehrter, legt mir alles hin, aber ich sitze auf den Folianten nicht anders als eine Katze, die mit ihrem Dasein nur verdeckt, was darinnen steht.

An Clara Rilke-Westhoff, 5. Mai 1910

bald einsehen, daß ihm die Fähigkeit nach wie vor abgeht, Informationen systematisch zu erfassen und zu strukturieren, und daß er die Monographie deshalb nicht schreiben kann. Nach einigen Wochen in Paris fährt Rilke dann zu Frau und Tochter nach Oberneuland, wo er bis Anfang August bleibt. Das Zusammensein mit seiner Familie tut Rilke auch diesmal nicht gut, und so ist er froh, sich auf den Weg nach Schloß Lautschin in Böhmen machen zu können, das ebenfalls Marie von Thurn und Taxis gehört. Von dort aus kündigt er sich bei den drei Geschwistern Nádherny auf Schloß Janowitz an. Spätestens dort wird Rilke bewußt, daß seine Unproduktivität in diesem Jahr nicht bloß die verständliche Folge der Erschöpfung ist, die nach seinem Arbeitspensum der letzten Jahre nicht ausbleiben konnte, sondern daß das Ausbleiben kreativer Phasen auf eine sich anbahnende tiefe Krise hindeutet. Typisch für Rilke ist nun, daß er hofft, diesem Zustand durch einen Wechsel der Umgebung abhelfen zu können. Die Möglichkeit, an einer Reise nach Nordafrika teilzunehmen, erscheint ihm äußerst verlockend, und die Pläne für die Reise okkupieren ihn völlig in den ersten Novemberwochen, die er in Paris zusammen mit Kassner verbringt. Am 19. November reist Rilke dann von Marseille aus Richtung Algier.

Über Rilkes Reisen in Nordafrika gibt es nur wenige gesicherte Informationen. Er unternahm die Reise zusammen mit Jenny Oltersdorf, »jener räthselhaften Freundin«, die ihm im Herbst 1910 glühende Liebesbriefe schrieb und die er Rodin als »mon amie« vorstellte. Stationen der Reise waren zunächst Algier, el-Kantara, Tunis und der islamische Pilgerort Kairouan. In der zweiten Januarwoche ging es dann weiter nach Luxor, zu den Tempeln von Karnak und nach Assuan. Was Rilke von seinen Reisen in Nordafrika und Ägypten als Bildungserlebnis mitbrachte, war eine anhaltende Sympathie für den Islam und den altägyptischen Totenkult. An die Reise selbst dachte er allerdings ungern zurück.

Eine Stadt des Himmels und der Erden, denn sie ist wirklich in beidem, sie geht durch alles Seiende durch, ich versuchte neulich, ... es in einem Satz verständlich zu machen, indem ich sagte, sie sei in gleichem Maße für die Augen der Verstorbenen, der Lebenden und der Engel da, – ja, hier ist ein Gegenstand, der allen den drei, so weit verschiedenen Gesichtern zugänglich sein möchte, über ihm, ... könnten sie zusammenkommen und eines Eindrucks sein. Diese unvergleichliche Stadt hat Mühe, die aride, unverminderte, ununterworfene Landschaft, den Berg, den puren Berg, den Berg der Erscheinung,

Glücklich verlief hingegen Rilkes zweite große Reise der Vorkriegsjahre, die ihn ebenfalls aus Mitteleuropa hinausführte. Ende Oktober 1912 fährt er von München aus in Richtung Spanien ab. Rilkes Aufenthalt in Spanien – in Toledo, Cordoba, Sevilla und Ronda – steht ganz im Zeichen El Grecos, von dessen Bildern Rilke seit seinen frühen Pariser Jahren tief beeindruckt war. El Grecos Bilder haben häufig religiöse Motive und sind gekennzeichnet durch eine mystische Entrücktheit im Aus-

40 Gewitter über Toledo, Gemälde von El Greco (1541–1614), um 1595/ 1600. New York, Metropolitan Museum of Art

druck. Religiöser Mystizismus durchzieht auch die Briefe, in denen Rilke Toledo und die spanische Landschaft beschreibt. Anspielungen auf El Greco und auf die Reise nach Spanien finden sich in den ›Duineser Elegien‹ und an einigen anderen Stellen in Rilkes Werk. Den unmittelbarsten Niederschlag haben Rilkes spanische Erfahrungen aber in der noch in Ronda entstandenen ›Spanischen Trilogie‹ gefunden.

2

Was man gemeinhin Rilkes Schaffenskrise nennt, würde man bei einem gewöhnlicheren Menschen wahrscheinlich weniger mitleidvoll als *midlife crisis* bezeichnen: Ruhelosigkeit, eine alle Lebensbereiche ergreifende Verunsicherung, Unzufriedenheit mit

in ihren Mauern zu halten, – ungeheuer tritt die Erde aus ihr aus und wird unmittelbar vor den Toren: Welt, Schöpfung, Gebirg und Schlucht, Genesis. Ich muß immer wieder an einen Propheten denken bei dieser Gegend, an einen, der aufsteht vom Mahl, von der Gastlichkeit, vom Beisammensein, und über den gleich, auf der Schwelle des Hauses noch, das Prophezeien kommt, die immense Sendung rücksichtsloser Gesichte –: so gebärdet sich diese Natur rings um die Stadt, ja selbst in ihr, … sieht sie auf und kennt sie nicht und hat eine Erscheinung. *An Marie von Thurn und Taxis über Toledo, 13. November 1912*

dem bisher Geleisteten, das Bedürfnis, alte Gewohnheiten und
bestehende Freundschaften aufzugeben, dazu eine vorgeblich il-
lusionslose Wahrnehmung menschlicher Beziehungen, die dann
aber gelegentlich wieder von der Hoffnung abgelöst wird, das
Lebensglück doch noch in einer Liebesbeziehung zu finden.

Wenn Rilke an einem Ort gut arbeiten konnte, war sein Bedürfnis zu reisen nicht sehr groß. Die Liste der Orte, an denen
sich Rilke zwischen dem Frühjahr 1911 und dem Sommer 1914
länger als zwei Wochen aufgehalten hat, spricht daher für eine
schwere Beeinträchtigung seiner Arbeitsfähigkeit: Paris, Böhmen, Leipzig, München, Paris, Duino, Venedig, Duino, München, Toledo, Ronda, Paris, Bad Rippoldsau, Göttingen, Heili-
gendamm, Berlin, München, Paris, Berlin, München, Paris, Duino, Assisi, Paris, Göttingen und Leipzig. Der Stil seiner Reisen
verändert sich in diesen Jahren. Rilke, der später in Muzot frei-
willig unter spartanischen Bedingungen leben wird, weiß in diesen Jahren die Annehmlichkeiten von mondänen Hotels und
Schlössern mit Dienstboten sehr zu schätzen. Seinen Verleger
bringt er damit in Harnisch. Als die Frau des deutschen Bot-
schafters in London, Mechtilde Fürstin Lichnowsky, im Juni 1914
eine Art Sponsorenteam für Rilke zusammenstellen will, tobt
Kippenberg bei seinem Verlegerkollegen Kurt Wolff, Rilke würde »noch weniger schaffen, wenn es ihm finanziell besser ginge«,

und im übrigen »benutze er
jetzt schon häufig bei Reisen
die erste Wagenklasse«.

Größere finanzielle Sorgen
braucht sich Rilke in den Jahren vor dem Ersten Weltkrieg
in der Tat nicht zu machen.
Die regelmäßigen Zahlungen
des Insel-Verlags sind mit 500

41 Ronda

Mark pro Vierteljahr zwar nicht üppig, aber dazu kommen gelegentliche größere Honorarzahlungen – 2700 Mark für die erste Auflage des ›Malte‹, 900 Mark für zwei neue Auflagen des ›Stunden-Buchs‹ –, und von seiner Mutter erhält Rilke 80 Kronen im Monat. Samuel Fischer und Karl von der Heydt überweisen weiterhin Geld an Rilke, im Sommer 1911 erbt er von seiner Cousine Irene von Kutschera-Woborsky 10 000 Kronen, und im Frühjahr 1912 stellt Eva Cassirer 10 000 Mark für Ruth Rilkes Schulausbildung zur Verfügung. Aus heutiger Sicht befremdlich muten Hilfsaktionen von Freunden an, die indessen für jene Zeit, als Dichter in hohem gesellschaftlichem Ansehen standen, so ungewöhnlich nicht waren. Als Rilke völlig ohne Geld aus Ägypten zurückkehrt, bewegt Hugo von Hofmannsthal unter anderem Helene von Nostitz und Harry Graf Kessler dazu, spontane Hilfe zu leisten, und Kippenberg, der die Dinge wie immer systematisch und weitsichtig angeht, sammelt bei Karl von der Heydt, Rudolf Kassner und anderen einen so hohen Betrag, daß er Rilke drei Jahre lang jeweils 4000 Mark zur Verfügung stellen kann. Kurz vor Kriegsbeginn schließlich läßt der Mathematiker und Sprachphilosoph Ludwig Wittgenstein, der geerbt hat und das Geld aus weltanschaulichen Gründen nicht für sich allein verwenden will, Rilke eine Schenkung in Höhe von 20 000 Kronen zukommen, ohne daß dieser zunächst erfährt, von wem das Geld stammt. Ein anderer Begünstigter Wittgensteins ist Georg Trakl.

Rilke, in künstlerischer Hinsicht nun nicht mehr der Rat- und Hilfesuchende, der er in früheren Jahren gewesen war, beginnt in den Jahren vor dem Krieg mehr und mehr, seinerseits Künstler zu fördern. Er lobt bei allen seinen Freunden das große Talent des jungen Franz Werfel, bemüht sich um finanzielle Unterstützung für die Schweizer Dichterin Regina Ullmann, und er möchte, daß Eleonora Duse, die den Zenit ihrer Karriere überschritten hat und keinen guten Abgang von der Bühne findet,

Ich weiß nicht mehr, ob der erste Eindruck von seinem Mund ausging – es war ein großer, offener Mund mit dicken, fast kindhaften Lippen – oder von seinen Augen oder von der grauen Farbe des Gesichts. Ich weiß überhaupt nicht, ob es das Gesicht war, von dem der erste Eindruck kam. Ich glaube, das Gesicht war es nicht, doch auch nicht die Gestalt. Es war seine Kravatte … Ich fühlte damals eine Spannung zwischen Rilkes innerem und äußerem Menschen, die mich rührte.

Franz Werfel, ›Das Tagebuch‹ 8, 1927

die Hauptrolle in einer Aufführung der ›Weißen Fürstin‹ übernimmt – ein Plan, der sich nicht realisieren läßt. Sein ehrgeizigstes Ziel als Mentor steckt Rilke sich jedoch, als er im Sommer 1911 in Paris Marthe Hennebert kennenlernt, eine siebzehnjährige, in großem Elend lebende Arbeiterin. Er möchte der jungen Frau, in der er künstlerische Neigungen zu erkennen glaubt, zu einem eigenständigen Leben verhelfen und sorgt sich in den nächsten Jahren beständig um ihre Entwicklung, auch nachdem Marthe sich auf eine Beziehung mit einem russischen Bildhauer eingelassen hat. Noch nach dem Krieg, von der Schweiz aus, bittet Rilke sie: »parlez moi, vite et beaucoup. J'attends. J'attends. J'attends.« Marthe fasziniert Rilke mit ihrer Sinnlichkeit und Lebensfreude, sie macht ihm aber auch ein ums andere Mal seine Unsicherheit in der Liebe bewußt.

In den ›Aufzeichnungen des Malte Laurids Brigge‹ hatte Rilke die wahrhaft Liebenden gefeiert, die über den Geliebten hinauswuchsen und seiner schließlich nicht mehr bedurften. Die Biographien Marianna Alcoforados, der italienischen Dichterin Gaspara Stampa, der französischen Renaissance-Dichterin Louïze Labé und zahlreicher weiterer Künstlerinnen dienten Rilke als Beweise für seine Theorie, daß es Frauen immer wieder gelinge, ein autonomes Liebesgefühl zu entwickeln, das von der Person des Geliebten und seiner Anwesenheit unabhängig sei. Rilke war davon überzeugt, daß diese Form der Liebe die einzige sei, bei der der Mensch an Leib und Seele keinen Schaden nehme und sich frei entwickeln könne. Mit ihren Geliebten müssen die wahrhaft liebenden Frauen allerdings noch eine Zeitlang nachsichtig sein. Denn die Männer sind Rilke zufolge in der Liebe immer noch »Anfänger« und »Dilettanten«, die die »Arbeit der Liebe« ganz von vorne beginnen müssen.

Rilke gestaltete sein Leben nicht nach irgendeiner Theorie, nicht einmal nach der von ihm selbst entwickelten. Auf Marthe hatte

42 Magda von Hattingberg, österreichische Pianistin. Sie machte Rilke mit Ferruccio Busoni bekannt und prägte in entscheidender Weise Rilkes Musikver-ständnis. Aufgrund seiner Diskussionen mit ihr über Musiktheorie regte Rilke die Aufnahme des ›Entwurfs einer neuen Ästhetik der Tonkunst‹ in die Insel-Bücherei an, die Busoni dann auch Rilke widmete. Duch Magda von Hattingberg wurde Rilke auch die Musik von Bach, Händel, Beethoven und Schumann erschlossen.

Rilke sich eingelassen, ohne nach dem Muster seiner ›großen Liebenden‹ ein autonomes Liebesgefühl entwickeln zu wollen, und als die verehrungsvollen Briefe, die ihm die acht Jahre jüngere Pianistin Magda von Hattingberg schrieb, Anfang 1914 immer leidenschaftlicher wurden, erwachte in Rilke sogar wieder der Wunsch nach dem Zusammenleben mit einer Frau. Er begrüßt sie als »Benvenuta«, »die Willkommene«, seine Briefe an sie füllen innerhalb von vier Wochen 170 Seiten, und Ende Februar verläßt er Paris kurzent-

43   Marthe Hennebert

schlossen, um sie in Berlin kennenzulernen. Ein Gedicht für Benvenuta aus diesen Tagen beginnt mit den Zeilen: »Oh wie schälst du mein Herz aus den Schalen des Elends. / Was verriet dir im schlechten Gehäus den erhaltenen Kern?« In Berlin besuchen Rilke und Magda von Hattingberg Ausstellungen und Konzerte, sie spielt ihm auf dem Flügel Händel und Beethoven vor, schließlich fahren sie zusammen nach München, wo Rilke Clara und Ruth wiedersieht, die 1912 dorthin übergesiedelt sind. Auch mit dem baltischen Romancier Eduard Keyserling, dem Verlegerehepaar Hugo und Elsa Bruckmann und mit Rudolf Kassner sind Rilke und seine neue Freundin öfter zusammen. Nach einigen gemeinsamen Wochen in Paris fahren die beiden im April nach Duino. Dort zerbricht die von beiden mit Hoffnungen und Erwartungen überfrachtete Beziehung. Sie trennen sich in Freundschaft. Dennoch leidet Rilke sehr unter der Trennung, da er den Verlust des geliebten Menschen als bedrohliches Scheitern erlebt. Es sollte jedoch nicht lange dauern, bis er den Trennungsschmerz überwand. Schon vier Monate später begann er eine Beziehung mit der dreiundzwanzigjährigen Malerin Lulu Albert-Lazard.

Rudolf Kassner (1873–1959), philosophischer Schriftsteller. Kassner entwickelte ein »physiognomisches Weltbild«, in dem er versuchte, die geheimen Entsprechungen vom Körper, Seele, Geist, Mensch und Kosmos zu enträtseln. Daneben übersetzte Kassner u. a. Plato, Tolstoj, Dostojewski und André Gide.

Werke (Auswahl): ›Zahl und Gesicht‹ (1919), ›Das physiognomische Weltbild‹ (1930), ›Physiognomik‹ (1932), ›Buch der Gleichnisse‹ (1934), ›Von der Eitelkeit‹ (1934)

44 Rainer Maria Rilke, Gemälde
von Lulu Albert-Lazard, 1916

Verglichen mit den Erschütterungen, die Rilke in der Zeit mit Marthe Hennebert und Magda von Hattingberg erlebte, nahm er es offenbar relativ gelassen hin, daß Clara nun begann, auf eine Scheidung zu drängen. Rilke war mit allem einverstanden, auch mit »Abneigungsgrund« als Motiv für die Scheidung, zu der es dann doch nicht kam, weil ihre unterschiedliche Religionszugehörigkeit, die weit auseinanderliegenden Aufenthaltsorte und Probleme mit der unterschiedlichen Staatsbürgerschaft einen allzu großen bürokratischen und finanziellen Aufwand erfordert hätten.

Halt und Kontinuität bezog Rilke in seiner Krisenzeit aus den Freundschaften mit Lou Andreas-Salomé und Marie Taxis. Fürstin Marie von Thurn und Taxis war eine typische Vertreterin des besseren Teils der übernationalen mitteleuropäischen Aristokratie: weltoffen, gebildet und lebensklug. Für Rilkes Leben und Dichtung wurde vor allem das auf einem Felsenvorsprung hoch über der Adria gelegene Schloß Duino bedeutend, das die Fürstin von ihrer Mutter geerbt hatte. Während seines Aufenthalts dort im Winter 1911/1912 schrieb Rilke die erste und Ansätze zu einigen weiteren der Elegien, die er später zur

Und ich, Sie begreifen, Fürstin, weiß nichts zu raten, kanns nur eben gehen lassen und von Zeit zu Zeit hinsehn, ich bin weder der Erfahrene, der mit Fassung hülfreich sein kann, noch der Liebende, über den die Inspiration seines Herzens kommt. Ich bin gar kein Liebender, mich ergreift's nur von außen, vielleicht weil mich nie jemand ganz und gar erschüttert hat, vielleicht weil ich meine Mutter nicht liebe. Recht arm steh ich da vor diesem reichen kleinen Geschöpf, an dem eine weniger vorsichtige und nicht gerade so gefährdete Natur (wie ich es seit einer Weile bin) sich hätte grenzenlos entzücken und bilden können. Alle Liebe ist Anstrengung für mich, Leistung, surmenage, nur Gott gegenüber hab ich einige Leichtigkeit, denn Gott lieben heißt eintreten, gehen, stehen, ausruhen und überall in der Liebe Gottes sein.
An Marie von Thurn und Taxis über Marthe Hennebert, 21. März 1913

Erinnerung an das im Krieg schwer beschädigte Schloß ›Duineser Elegien‹ nannte. Der Gedankenaustausch zwischen Rilke und der zwanzig Jahre älteren Marie von Thurn und Taxis schloß schnell auch private Themen ein, und die Vertrautheit war wechselseitig. Als Rilke Anfang 1915 wegen Lulu Albert-Lazard Liebeskummer hatte und sich bei der Fürstin beklagte, schrieb diese ihm zurück:»Dottor Serafico!!! Eigentlich möchte ich Sie furchtbar verschimpfen – ich glaube Sie würden es notwendig brauchen wirklich ausgezankt zu werden wie ein baby – der Sie ja auch eines sind, obwohl dabei ein ganz großer Dichter … Jeder Mensch ist einsam, und muß es bleiben und muß es aushalten und darf nicht nachgeben und muß die Hilfe nicht in anderen Menschen suchen …

Es kommt mir vor, D. S. daß der selige Don Juan ein Waisenknabe neben Ihnen war – und Sie tun sich immer solche Trauerweiden aussuchen, die aber gar nicht so traurig sind in Wirklichkeit, glauben Sie mir – Sie, Sie selbst spiegeln sich in allen diesen Augen –« (6. März 1915)

Niemand anderem in seinem Leben räumte Rilke das Recht ein, so mit ihm zu reden. Aber bei der Fürstin wußte er, sie wollte hauptsächlich eines: daß ihr»Dottor Serafico« sie und den Rest der Welt weiterhin mit seinen Dichtungen beschenkte.

3

Seiner eigenen Meinung nach durchlebte Rilke nach Abschluß der ›Aufzeichnungen des Malte Laurids Brigge‹ in künstlerischer Hinsicht magere Jahre. Es entstanden zwar zahlreiche Gedichte und Entwürfe, aber ein Zyklus wollte sich daraus nicht ergeben. Einen der letzten zu seinen Lebzeiten veröffentlichten Prosatexte schrieb Rilke Anfang 1914. Es ist ein Aufsatz über die Wachs-

45 **Fürstin Marie von Thurn und Taxis**, geborene Prinzessin von Hohenlohe-Waldenburg-Schillingsfürst, geboren und aufgewachsen in Venedig, war eine begeisterte Kunstliebhaberin, die auf ihren Schlössern und Landsitzen gern und häufig so unterschiedliche Künstlerpersönlichkeiten wie etwa Gabriele d'Annunzio, die Duse, Rudolf Kassner und die französische Lyrikerin Anna de Noailles um sich versammelte.

46 Das Felsenschloß Duino, Ansicht von 1910

puppen der Lotte Pritzel, die Rilke seit dem Herbst 1913 persönlich kannte. Da Rilke nicht leben konnte, ohne zu schreiben, und
da ihm das Briefeschreiben auf die Dauer nicht genügte, begann
er, Übersetzungen aus dem Französischen anzufertigen. Im Frühjahr 1911 überträgt er von Maurice de Guérin ›Der Kentauer‹, ein
Prosagedicht aus dem Jahr 1840; danach ›Die Liebe der Magdale-
na‹, eine Predigt des bedeutenden Kanzelredners Bossuet. Beide
Übertragungen werden im Insel-Verlag veröffentlicht. Ende 1913
erscheint Rilkes Übertragung der ›Portugiesischen Briefe‹ der Marianna Alcoforado, und kurz vor Kriegsbeginn veröffentlicht er
eine deutsche Fassung von André Gides ›Rückkehr des verlorenen Sohnes‹. Aber Rilke ist unzufrieden mit sich. Allen Briefpartnern und -partnerinnen, von denen er sich auch nur ein wenig
Verständnis erhofft, klagt er über seine Unfähigkeit zu wirklicher
dichterischer Arbeit. Auf der Suche nach einem neuen dichterischen Zugriff auf die Welt liest er Kleist und Stifter, Klopstock,

Was mich diesmal bedrängt, ist auch vielleicht nicht so sehr die Länge
der Pause, sondern eine Art von Abstumpfung, eine Art Altwerden,
wenn man es so nennen soll, als ob doch dieses Stärkste in mir irgendwie
Schaden genommen hätte, ein klein wenig schuldig wäre, Atmosphäre
wäre, begreifst Du: Luft statt Weltraum.

An Lou Andreas-Salomé, 10. Januar 1912

Hölderlin und Goethe, Shakespeare, aber auch eher entlegene Werke, etwa die Prosa des dänischen Schriftstellers Johannes Vilhelm Jensen, das mystische ›Livre des visions et instructions de la Bienheureuse Angèle de Foligno‹ oder die ›Annalen der italiänischen Geschichte‹ des italienischen Historikers Muratori. Anfang 1912 hatte Rilke für kurze Zeit geglaubt, die Durststrecke sei überwunden. Seit Oktober hielt er sich auf Schloß Duino auf. In den ersten Januarwochen ist er fast ganz allein dort. Er schreibt lange Briefe an Lou Andreas-Salomé, in denen er der Freundin seinen beklagenswerten Zustand schildert. Außerdem korrespondiert Rilke in diesen Tagen auch mit Emil von Gebsattel, einem Münchner Arzt, bei dem sich Clara Rilke gerade einer psychoanalytischen Behandlung unterzieht. Es geht Rilke so schlecht, daß er ernsthaft in Erwägung zieht, sich ebenfalls analysieren zu lassen. Zwar entsteht innerhalb einer Woche im Januar 1912 ›Das Marien-Leben‹, ein kleiner Zyklus von zwölf Gedichten, zu dem Rilke durch das ›Marienleben‹ des Spaniers Ribadaneira angeregt wurde sowie durch das sogenannte ›Malerbuch vom Berge Athos‹, ein ikonographisches Handbuch für Kirchenmaler, das Rilke in der Schloßbibliothek von Duino entdeckte. Doch Rilke betrachtete diesen Zyklus, der 1913 veröffentlicht wurde, immer mit ein wenig Geringschätzung. Die Ursache dafür war seine Überzeugung, daß ihm kurz nach der Vollendung des ›Marien-Lebens‹ etwas weit Größeres geschenkt worden war. Auf einer Wanderung über die Felsen am Fuße des Schlosses meinte er, im Brausen des Sturmes eine Stimme zu hören, die ihm zurief: »Wer, wenn ich schriee, hörte mich denn aus der Engel Ordnungen?« Ob es nun tatsächlich eine Stimme von außen war, die Rilke an diesem Tag die ersten Verse der ›Duineser Elegien‹ zurief, oder ob es der verzweifelte Ruf einer inneren Stimme war, den er vernahm, sei dahingestellt. Am Abend desselben Tages vollendet

Hier ist des *Säglichen* Zeit, *hier* seine Heimat.
Sprich und bekenn. Mehr als je
fallen die Dinge dahin, die erlebbaren, denn,
was sie verdrängend ersetzt, ist ein Tun ohne Bild.
Tun unter Krusten, die willig zerspringen, sobald
innen das Handeln entwächst und sich anders begrenzt.
Zwischen den Hämmern besteht
unser Herz, wie die Zunge
zwischen den Zähnen, die doch,
dennoch, die preisende bleibt.　　*›Duineser Elegien‹, aus der neunten Elegie*

Rilke jedenfalls die erste ›Duineser Elegie‹. Drei Tage später teilt er Gebsattel mit, daß er sich endgültig gegen eine Psychoanalyse entschieden habe. Er befürchte, daß, wenn man ihm seine »Teufel austriebe, auch meinen Engeln ein kleiner, ein ganz kleiner (sagen wir) Schrecken geschähe, – und – fühlen Sie – gerade darauf darf ich es auf keinen Preis ankommen lassen«. Rilke will weiter auf die »Selbstbehandlung« durch seine dichterische Arbeit vertrauen. Doch der Durchbruch zu einer neuen Art von Dichtung war noch nicht geschafft. Erst zehn Jahre später, im Turm von Muzot, vollendete Rilke die ›Duineser Elegien‹. Dabei war ihm der Weg zu seinem großen Ziel spätestens seit Juni 1914, als er das programmatische Gedicht ›Wendung‹ schrieb, klar: auf das »Anschaun«, das er in den ›Neuen Gedichten‹ und im ›Malte‹ praktiziert hatte, sollte nun das »Herz-Werk« folgen. Nichts Geringeres als die Rühmung der Welt und des Daseins, die Zustimmung zu allem Hiesigen wollte Rilke formulieren und gestalten. Angesichts seines Leidens am Leben in diesen Krisenjahren hätte er sich kaum ein ehrgeizigeres Ziel setzen können.

4

Die ›Duineser Elegien‹ sind dasjenige Werk Rilkes, um das er am längsten gerungen und gebangt hat. Einer der inneren Gründe für die lange Entstehungszeit liegt darin, daß er glaubte, dieses Werk könne er nicht aus sich selbst heraus schaffen, sondern es würde ihm eingegeben, und seine Aufgabe bestünde darin, sich für die Eingebung bereit zu halten. Die Begeisterung und Erleichterung, mit der er in Briefen an Marie Taxis, Lou Andreas-Salomé, Nanny Wunderly-Volkart und andere schließlich im Februar 1922 die Vollendung der Elegien feierte, gibt einen Eindruck davon, welche Anspannung von Rilke abfiel in dem Moment, da er

»Endlich,
     Fürstin,
               endlich, der gesegnete, wie
gesegnete Tag, da ich Ihnen den Abschluß - so weit
ich sehe – der
          Elegien
                 anzeigen kann:
         Zehn!   …

sicher war, die entscheidende Leistung seines Genies vollbracht und seine eigentliche Aufgabe als Dichter erfüllt zu haben.

Die ›Duineser Elegien‹ sind in dem Zeitraum vom Winter 1912 bis zum 26. Februar 1922 entstanden. Der Hauptteil entstand in nur wenigen Tagen, auf Schloß Duino im Januar und Februar 1912 und dann im Februar 1922 im Turm von Muzot in der Schweiz. Oberflächlich betrachtet sind zehn Jahre eine enorm lange Entstehungszeit für ein Werk, das am Ende gerade zehn Gedichte von zusammen 853 Zeilen umfaßt. Aber Rilke mußte seine Haltung zur Welt von Grund auf überdenken und in wichtigen Aspekten verändern, um die Elegien beenden zu können.

In den ›Neuen Gedichten‹ und vor allem in den ›Aufzeichnungen des Malte Laurids Brigge‹ hatte Rilke die Nöte des Menschen – Angst, Schmerz, Krankheit, Vergänglichkeit und Tod – als unvermeidbare und deshalb hinzunehmende Existenzbedingungen »angeschaut«. Nun, in den Elegien, wollte er noch einen gewaltigen Schritt weiter gehen. »Daß ich dereinst, an dem Ausgang der grimmigen Einsicht, / Jubel und Ruhm aufsinge zustimmenden Engeln« – mit diesen bereits 1912 auf Schloß Duino niedergeschriebenen Versen beginnt die zehnte Elegie, die die Schmerzen – ein Bild für die Nöte des Menschen – als unabdingbare Voraussetzung für ein sinnerfülltes Leben preist.

Wer das Leid nicht hinnehmen kann, sondern es nach Möglichkeit vermeiden oder verdrängen will, kann sich nur ziellos über den Jahrmarkt der Eitelkeiten treiben lassen, der in der zehnten Elegie »Trostmarkt« heißt und auf dem »Buden jeglicher Neugier / werben, trommeln und plärrn.« Es stellt sich die Frage, was am Vermeiden oder Verdrängen von Leid so schlimm ist. Rilke hegte ein unüberwindliches Mißtrauen gegen alle religiösen und philosophischen Welterklärungsmodelle, so daß er – anders als etwa Dante, Milton oder Klopstock, die Dichtungen

Alles in ein paar Tagen, es war ein namenloser Sturm, ein Orkan im Geist (wie *Damals* auf *Duino*), alles, was Faser in mir ist und Geweb, hat gekracht, – an Essen war nie zu denken, Gott weiß, wer mich genährt hat. Aber nun *ists*. Ist. Ist.
Amen.
Ich habe also dazu hin überstanden, durch alles hindurch. Durch Alles. Und das wars ja, was not tat. Nur dies.«

An Marie von Thurn und Taxis, 11. Februar 1922

mit ähnlich universellem Anspruch schufen – auf eine zwar
selbstverständlich geschichtlich vermittelte, aber individuell ge-
deutete und damit gewissermaßen private Mythologie angewiesen war, um seiner dichterischen Rede Autorität zu verleihen. In
dieser privaten Mythologie spielen Idealfiguren eine zentrale
Rolle: das Kind, der Held, die Liebenden, die Heiligen, die früh
Verstorbenen – sie alle sind »ganze«, vollendete Menschen, die
der Entfremdung durch die Versuchungen der modernen Welt,
durch Geld, Technik und illusionäre Trostangebote entgangen
sind oder entgehen. Zu diesen menschlichen Idealfiguren kommt
als Bezugspunkt der Mythos des Engels. Der Engel der Elegien
hat, wie Rilke betonte, nichts mit dem der christlichen Religion
zu tun. Er repräsentiert vielmehr eine in sich ruhende Existenz,
er ist dem Menschen Maßstab für die Bewertung seiner Nöte und
unerreichbares Vorbild zugleich: »Glaub nicht, daß ich werbe. /
Engel, und würb ich dich auch! Du kommst nicht.« heißt es in
der siebenten Elegie. Sinnerfüllt, glücklich wird das Dasein dann,
wenn der Mensch sich von äußeren Bewertungsmaßstäben unabhängig macht, die dem einzelnen immer unangemessen sind.

Nur durch den Willen, das Leben zu rühmen, einschließlich
allen Leids, das es für den einzelnen bereithält, und trotz einer
modernen Welt, die nicht mehr nach dem Sinn ihres Tuns fragt,
kann der Mensch – den sich Rilke hier vor allem als dichtenden
Menschen vorstellt – seine seelische Integrität bewahren.

Rilke versucht in den Elegien zu begründen, warum das Leben des Menschen sinnvoll und in jedem Fall auch wertvoll ist,
und er will dabei nicht das Diesseits dadurch mit Sinn erfüllen,
daß er ein schöneres Jenseits imaginiert. Die Antwort, die er
gibt, lautet apodiktisch: Das Leben ist sinnvoll und wertvoll,
nicht weil es immer glücklich, sondern weil es immer einzigartig
ist.

Wir, Vergeuder der Schmerzen.
Wie wir sie absehn voraus, in die traurige Dauer,
ob sie nicht enden vielleicht. Sie aber sind ja
unser winterwähriges Laub, unser dunkeles Sinngrün,
eine der Zeiten des heimlichen Jahres –, nicht nur
Zeit –, sind Stelle, Siedelung, Lager, Boden, Wohnort.
    ›Duineser Elegien‹, aus der zehnten Elegie

5

Nach der Trennung von Magda von Hattingberg kehrt Rilke für kurze Zeit nach Paris zurück. Ende Juli verläßt er die Stadt für eine, wie er glaubt, kürzere Reise nach Deutschland. In Göttingen sieht er Lou Andreas-Salomé wieder, fährt dann nach Leipzig zu Kippenbergs und trifft am 1. August 1914 in München ein, um sich von Dr. Wilhelm von Stauffenberg wegen eines rätselhaften Unwohlseins in der Magengegend untersuchen zu lassen. In München wird Rilke vom Kriegsausbruch überrascht. In der ersten Begeisterung schreibt er ›Fünf Gesänge‹, die im nächsten Insel-Almanach, dem Kriegs-Almanach 1915, veröffentlicht werden. In Rilkes kriegsverherrlichenden Gedichten ist nichts von der Zivilisationsmüdigkeit, dem Nationalismus und der Fremdenfeindlichkeit zu spüren, die die Lyrik vieler seiner Zeitgenossen in den Kriegsjahren prägte. Rilke begrüßt den Krieg als eine elementare, mythische Kraft, die den einzelnen aus seinem trägen Alltagstrott herausreißt. Nach einigen Wochen aber empfindet Rilke den Krieg nur noch als eine gewaltige Heimsuchung. Er, der in Österreich-Ungarn geboren wurde, ohne sich dort jemals heimisch zu fühlen, der sich in Rußland emotional und in Paris geistig zu Hause fühlte, der in Italien, Spanien und Skandinavien gelebt hatte, spürte, daß der Krieg nichts als unvorstellbares Leid über die Menschheit bringen würde. Schon im Oktober schreibt Rilke an Axel Juncker:»›Kriegslieder‹ sind keine bei mir zu holen, beim besten Willen. Ein paar Gesänge, in den ersten Augusttagen entstanden, werden Sie im neuen Insel (Kriegs-)Almanach lesen, – aber die sind nicht als Kriegs-Lieder zu betrachten auch möchte ich sie nicht an anderer Stelle wiederverwendet wissen.« (19. Oktober 1914)

Heil mir, daß ich Ergriffene sehe. Schon lange
war uns das Schauspiel nicht wahr
und das erfundene Bild sprach nicht entscheidend uns an.
Geliebte, nun redet wie ein Seher die Zeit
blind, aus dem ältesten Geist.
Hört. Noch hörtet ihrs nie. Jetzt seid ihr die Bäume,
die die gewaltige Luft lauter und lauter durchrauscht;
über die ebenen Jahre stürmt sie herüber
aus der Väter Gefühl, aus höheren Taten, vom hohen
Heldengebirg, das nächstens im Neuschnee
eures freudigen Ruhms reiner, näher erglänzt.   ›Fünf Gesänge‹

Auf Anraten seines Arztes fährt Rilke Ende August 1914 aufs Land, nach Irschenhausen im Isartal. Stauffenberg hatte ihm eine psychoanalytische Behandlung nahegelegt, doch Rilke wies diesen Gedanken wiederum weit von sich. Er hatte mit Lou Andreas-Salomé im Herbst 1913 an Sitzungen des in München tagenden »psychoanalytischen Congresses« teilgenommen und dabei auch Freud kennengelernt. Da Lou sich überdies mittlerweile intensiv mit der Psychoanalyse befaßte, wußte Rilke sehr genau, was es bedeutete, eine Analyse vornehmen zu lassen. Seine Ängste, nach einer solchen Behandlung nicht mehr schreiben zu können, sind auch diesmal, wie schon Anfang 1912, größer als sein Leidensdruck. Also zieht Rilke einen Kuraufenthalt im Haus »Schönblick« in Irschenhausen vor. Dort begegnet er der Malerin Lulu Albert-Lazard, die er in Paris gesehen, allerdings nicht kennengelernt hatte. Auch diesmal erweist sich Rilke in Beziehungsdingen als ein Mann schneller Entschlüsse. Bei seiner Rückkehr nach München zieht er in die Pension Pfanner in der Finkenstraße, wo auch Lulu ihr Atelier hat. Dort leben die beiden zusammen, bis Lulus Ehemann, der Chemiker Eugen Albert, Inhaber der Münchner Firma Albert und Bruckmann, in deutlichen Worten seinen Unmut über dieses Arrangement zum Ausdruck bringt und darauf besteht, daß wenigstens nach außen hin den gesellschaftlichen Konventionen Genüge getan wird. Rilke zieht also aus und fährt, um weiterem Ärger aus dem Weg zu gehen, erst einmal nach Berlin. Er macht einen Besuch am Sterbebett Alfred Walter Heymels, des Gründers der Zeitschrift ›Die Insel‹, und besucht Freunde: von der Heydts, die Prinzessin Titi Taxis, die Pianistin Giulietta Mendelssohn, Gerhart Hauptmann, auch Magda von Hattingberg sieht er wieder. Im Haus des Industriellen Fritz Viktor von Friedländer-Fuld lernt er dessen zweiundzwanzigjährige Tochter Marianne Mitford kennen, die sich gerade von ihrem ersten Ehemann scheiden läßt. Da Marianne

Schwindende, du kennst die Türme nicht.
Doch nun sollst du einen Turm gewahren
mit dem wunderbaren
Raum in dir. Verschließ dein Angesicht.
Aufgerichtet hast du ihn
ahnungslos mit Blick und Wink und Wendung.
Plötzlich starrt er von Vollendung,

Mitford seit der Trennung von ihrem Mann wieder bei ihren Eltern wohnt, stellt sie Rilke ihr Haus am Pariser Platz zur Verfügung. Dort verbringt er Weihnachten, zusammen mit Lulu, die inzwischen ebenfalls nach Berlin gekommen ist.

Nach München zurückgekehrt, zieht Rilke wieder in die Finkenstraße ein. Auch als sich in den ersten Monaten des neuen Jahres immer deutlicher abzeichnet, daß die Beziehung zu Lulu nicht zu halten sein wird, weil sie mehr von Rilke erwartet, als der geben will und kann, bleibt Rilke in der gemeinsamen Wohnung, in der von Mitte März bis Ende Mai auch Lou Andreas-Salomé zu Gast ist. Erst im Juni sucht sich Rilke eine neue Bleibe. Er hat bei Fischers die Lyrikerin Hertha Koenig kennengelernt und fragt bei ihr an, ob sie ihn während einer längeren Abwesenheit »rasch und still für eine Weile beim großen Picasso in der Widenmayerstraße« aufnehmen könne. Wenige Tage später zieht Rilke in Hertha Koenigs Wohnung in der Widenmayerstraße um, wo er bis Mitte Oktober bleiben kann. Mit dem »großen Picasso« meint Rilke das im Besitz Hertha Koenigs befindliche Gemälde »La famille des saltimbanques«, an das Rilke im Februar 1922 bei der Darstellung der Akrobaten in der fünften, Hertha Koenig zugeeigneten Elegie dachte. Nach Frau Koenigs Rückkehr im Oktober zieht Rilke in die Villa des Schriftstellers und Diplomaten Herbert Alberti in der Keferstraße.

Rilke verfügt in München über ein tragfähiges Netz sozialer Beziehungen, so daß er sich um seine Unterkunft keine Sorgen zu machen braucht. Auch die Finanzen sind, dank der Schenkung Ludwig Wittgensteins, kein drückendes Problem. Zwar gibt Rilke das Geld nach Kippenbergs Meinung viel zu schnell und leichtfertig aus, aber er denkt dabei nicht nur an sich, sondern unterstützt auch Clara und Ruth. Die innere Ruhe jedoch, die er zum Schreiben braucht und die er sich wünscht, um mit den Elegien voranzukommen, findet er nicht. Seine Beziehungs-

und ich, Seliger, darf ihn beziehn.
Ach wie bin ich eng darin.
Schmeichle mir, zur Kuppel auszutreten:
um in deine weichen Nächte hin
mit dem Schwung schooßblendender Raketen
mehr Gefühl zu schleudern, als ich bin.
Vierte sogenannte phallische Hymne

probleme und die daraus resultierenden Selbstzweifel verhindern es, und die täglich eintreffenden Nachrichten von schweren Kämpfen tun ein Übriges. Aus Paris erreicht ihn dann noch
die Nachricht, daß seine Habe konfisziert und versteigert wurde, weil es ihm nicht rechtzeitig gelungen war, über Freunde in
Holland die Mietzahlungen zu überweisen. Den materiellen Verlust erachtet Rilke als gering, aber der Verlust von Büchern, Briefen und Manuskripten trifft ihn schmerzlich. Nur weniges davon
wird er nach dem Krieg dank der Anstrengungen André Gides,
Charles Vildracs und anderer französischer Autoren zurück-
erhalten. Im Herbst aber reißt eine seiner kurzen, intensiven
Schaffensphasen Rilke unvermutet aus der Niedergeschlagen-
heit heraus. In rascher Folge entstehen zunächst die in der Forschungsliteratur meist neutral als ›Sieben Gedichte‹ bezeichneten,
manchmal allerdings auch treffender ›phallische Hymnen‹ genannten Texte, von denen der amerikanische Literaturwissen-

47   La famille des Saltimbanques, Gemälde von Pablo Picasso (1881– 1973), 1905.
Washington, National Gallery of Art

schaftler George C. Schoolfield einmal als dem »Skelett im Schrank der frommen Rilke-Forscher« gesprochen hat.

Danach entstehen im November 1915 drei lyrische Texte – ›Der Tod‹, das ›Requiem auf den Tod eines Knaben‹ und die düstere vierte Elegie –, die Meilensteine auf Rilkes Weg zur Rühmung des Daseins darstellen, weil Rilke in ihnen versucht, Bilder für den nicht verdrängten, sondern als selbstverständlich und unvermeidbar hingenommenen Tod zu entwerfen.

Als Rilke diese Texte schrieb, hatte er den Termin seiner Musterung schon vor Augen und damit das drohende Verhängnis: das Wieder-Lebendigwerden all seiner mühsam verdrängten Erinnerungen an die traumatischen Erfahrungen seiner Militärschulzeit. An seine Kindheit erinnerte ihn in diesem Herbst aber noch etwas anderes: das Wiedersehen mit seiner Mutter in München. Es war, was beide freilich nicht wissen konnten, ihre letzte Begegnung.

Bei seiner Musterung im November wird Rilke als tauglich zum Landsturmdienst mit der Waffe befunden und erhält zum 4. Januar 1916 als »uneingereihter Landsturmmann« den Gestellungsbefehl nach Turnau in Nordböhmen. In den verbleibenden Wochen setzt Rilke alle Hebel in Bewegung, um Ereignisse noch abzuwenden, von denen er sicher ist, daß sie seinen seelischen Untergang bedeuten würden. Karl von der Heydt, Katharina Kippenberg, Sidie Nádherný und Alexander von Thurn und Taxis setzen sich für ihn ein, ebenso der über Marianne Mitford mit Rilke bekannte Philipp Freiherr von Schey-Rothschild, Ordonnanzoffizier eines österreichischen Generals, und der Adjutant des Prinzen Ludwig Ferdinand von Bayern, der wiederholt für Rilkes Freistellung eintritt. Als Gründe für eine Freistellung werden Rilkes Alter, sein angegriffener Gesundheitszustand, von seiten des Insel-Verlags auch geschäftliche Interessen angeführt.

Die Bemühungen der Freunde haben, schrittweise, Erfolg. Zunächst braucht Rilke nicht im nordböhmischen Provinznest Tur-

Was Maria [= R.] anlangt, so habe ich heute erfahren, daß sie in dem Haus, wo sie zuerst eingetreten ist [= Kaserne], sehr schlecht behandelt wurde. Leider ist aber nunmehr die zweite … von uns noch mehr gefürchtete Eventualität eingetreten: die Erniedrigung durch einen Dienst, der leibliches Wohlergehen mit geistigem und moralischem Schaden rächt. Sie muß thatsächlich all den Zumuthungen gerecht werden, die dort gang und gebe sind und die ich damals, in den Tagen der großen Sorge, beschrieben habe. Daß sie's können kann, ist kaum ausdenkbar. *Karl Kraus an Sidie Nádherný, 9./10. März 1916*

nau einzurücken, wo ihn vermutlich niemand mehr hätte retten
können, sondern er muß in die Wiener Kaserne im Baumgarten.
Die Ausbildung zum Felddienst übersteigt seine Kräfte. Er bricht
zusammen, wird nachgemustert und Ende Januar dem Kriegsarchiv überstellt, in dem bereits Stefan Zweig, Alfred Polgar und
andere Schriftsteller mit einer Tätigkeit beschäftigt sind, die sie
selbst »Heldenfrisieren« nennen. Sie sollen die regelmäßig ein-
laufenden Feldakten für ein breites Publikum zu novellistischen
Erzählungen von Heldenmut und Opfertod aufbereiten. Hier im
Kriegsarchiv hat Rilke das Glück, in Oberstleutnant Alois Veltzé
auf einen Mann zu treffen, der selbst literarisch tätig ist und bald
erkennt, daß sogar der »Dicht-Dienst« für Rilke noch eine Über-
forderung darstellt. Veltzé setzt ihn deshalb zum Ausfüllen von
Karteikarten und für andere Büroarbeiten ein. Während die

Freunde sich weiterhin um seine völlige Freistellung vom Militärdienst bemühen, versucht
Rilke, außerhalb seiner Dienstzeiten ein wenig
Normalität aufrechtzuerhalten. Er braucht
nicht mehr in der Kaserne zu schlafen und
wohnt in einem Hotel in Hietzing. Mit der
Unterstützung Sidie Nádhernýs kann er weiterhin seine Münchner Wohnung halten. Als
Lulu Albert-Lazard nach Wien kommt, mieten sie und Rilke sich im Hotel Stelzer in Rodaun ein. Rilke ist häufiger Gast bei Marie Taxis in der Victorgasse, besucht Hofmannsthal
in Rodaun, trifft sich mit Kassner, Helene von
Nostitz, Karl Kraus, Felix Braun, Stefan Zweig,
Oskar Kokoschka, Peter Altenberg und mit
der dänischen Schriftstellerin Karin Michaëlis.
Er macht die Bekanntschaft Eugenie Schwarz-
walds, die eine reformpädagogische Schule

48 Rilke bei seiner
Einberufung 1916
in Wien

Wozu, wozu hat man Toledo ge-
kannt, wozu die Wolga, wozu die
Wüste –, um jetzt in dem engsten
Welt-Widerruf dazustehen, voll
plötzlich unanwendbarer Erinne-
rungen? Dazu hat mir die wiener
Zeit, mehr als ich zunächst wußte,
Schaden und Beirrung gethan, in-

betreibt, an der zeitweilig Adolf Loos, Arnold Schönberg und Kokoschka unterrichten, und er freundet sich mit dem Industriellen Richard Weininger an, dem Bruder Otto Weiningers, des Verfassers von ›Geschlecht und Charakter‹.

Daß er mit einem halben Jahr Dienst auf der Schreibstube glimpflich davongekommen war, verglichen mit dem millionenfachen Sterben auf den Schlachtfeldern, wußte niemand besser als Rilke selbst. Aber dieser Krieg war für ihn längst nicht mehr die reinigende Urgewalt, der er sich in den ›Fünf Gesängen‹ anheimgegeben hatte, sondern eine aus Macht- und Profitinteressen heraus entstandene und fortgeführte »Menschenmache«, die nichts zum Besseren verändern würde. Und sich dieser »Menschenmache« zu entziehen, hält Rilke sich – und jeden und jede andere – für berechtigt.

6

Im Juni 1916 wird Rilke demobilisiert, bleibt zunächst noch in Wien und kehrt Mitte Juli nach München in die Keferstraße zurück, die bis in den Juli des folgenden Jahres seine feste Adresse bleibt. In der zweiten Hälfte des Jahres 1917 unternimmt er seine letzte Reise in Deutschland, nach Berlin und auf Hertha Koenigs Gut Böckel in Westfalen. Danach kehrt er nach München zurück und wohnt zunächst vom Dezember 1917 bis Mai 1918 im Hotel Continental, dann in der Ainmillerstraße 34.

Bis zu seiner Abreise in die Schweiz im Frühjahr 1919 leidet Rilke an einer quälenden Unproduktivität, die sich phasenweise zu einer massiven Schreibhemmung auswächst, so daß er nicht einmal in der Lage ist, Briefe zu beantworten.

Aber nicht nur zu großer Dichtung ist Rilke in diesen Jahren unfähig, auch zur großen Liebe fehlt ihm die Kraft. Die Bezie-

dem sie, gewissermaßen als Wiederholung der Militärschule, die schwerste Lebensschicht meiner Kindheit, die als unterster Boden fruchtbar geworden war, noch einmal über mich legte ...

Ich würde mir jede Klage verbieten, wäre das allgemeine Loos von göttlicherem Verhängnis; aber es scheint mir, so wie ich mich danach umsehe, nichts als Menschenmache zu sein, menschlicher Irrthum, Rechthabung, Habgier, menschlichster Eigensinn.

An Kurt Wolff, 28. März 1917

49 Landschaft
mit Haus, Hund
und Rind, Ge-
mälde von Franz
Marc (1880–1916),
1914

hung mit Lulu Albert-Lazard geht im Sommer 1916 zu Ende.
Auf sie folgen Verbindungen zu einem Fräulein Mattauch, von
der wenig mehr als der Name bekannt ist, zur Lyrikerin Claire
Studer, der späteren Claire Goll, und zu der jungen Schauspielerin Elya Maria Nevar, die mit bürgerlichem Namen Else Hotop
hieß und sich in den ihr persönlich nicht bekannten Rilke nach
der Lektüre des ›Stunden-Buchs‹ verliebte. Die brieflichen und
lyrischen Zeugnisse belegen, daß diese Verbindungen leiden-
schaftlich waren; auf Zukunft hin angelegt waren sie nicht. Vielleicht waren die Zeitläufte nicht danach, in jedem Fall aber war
Rilke innerlich nicht bereit, sich ganz auf einen anderen Menschen einzulassen. Was Rilke im Innersten trifft in diesen Jahren,
ist nicht das Kommen und Gehen der Freundinnen, sondern der
Verlust vieler Freunde: Verhaeren stirbt im November 1916 bei
einem Eisenbahnunglück; Norbert von Hellingrath, Paul von

Elya Maria Nevar, eigentlich: Else
Hotop, Schauspielerin. Ihr Künstler-
name ist ein Anagramm des Mäd-
chennamens ihrer Mutter. In den Jahren 1918 und 1919 ist Nevar am Schau-
spielhaus und am Lustspielhaus in
München engagiert, von 1920–1922 an
der Volksbühne in Kaiserslautern.
Sie heiratete den Regisseur Gümbel.

Claire Goll, geb. Klara Aischmann
(1890–1977), Lyrikerin. Sie war bis
1917 mit dem Schweizer Verleger und
Schriftsteller Heinrich Studer (1889–
1961) verheiratet. 1919 begegnete die
Dichterin dem französischen Schriftsteller Iwan Goll (1892–1951). Die
beiden heirateten 1921 und lebten von
da an in Paris

Keyserlingk, Bernhard von der Marwitz, Götz von Seckendorf, die er als hoffnungsvolle junge Künstler kennengelernt hatte, fallen; Rodin stirbt im November 1917, Stauffenberg, Rilkes Arzt, Anfang 1918. Neben seiner Trauer um diese Männer steht Rilkes Sorge um Clara und Ruth. Selbst auf die finanzielle Unterstützung von Sidie Nádherný, Richard Weininger und Philipp Schey-Rothschild angewiesen, unterstützt er Frau und Tochter, wann immer er über etwas Geld verfügt, und er ist schließlich froh, daß die beiden sich entschließen, auf Dauer im abgelegenen Fischerhude zu bleiben, während in München die Revolutionswirren beginnen. Im März 1919 besucht Ruth ihren Vater noch einmal in München. Danach sehen die beiden sich nicht wieder.

Rilkes Position in den politischen Unruhen der Jahre 1918 und 1919 war schwierig. Seinen persönlichen Anspruch auf politische Neutralität vertrat er weiterhin. Seine im Kern konservativen Wertvorstellungen, verbunden mit dem Anspruch auf größte geistige Freiheit für alle, ließen ihn aber prinzipiell für Vertreter beider miteinander streitenden geistig-politischen Strömungen zu einem akzeptablen, ja interessanten Gesprächspartner werden – gelegentlich allerdings auch zu einem der Kooperation mit dem politischen Gegner verdächtigen Opportunisten. Direkte Kontakte mit Vertretern des spätwilhelminischen Deutschland pflegte Rilke vor allem während seines Aufenthalts in Berlin im Herbst 1917. Schon wenige Tage nach seiner Ankunft lädt ihn Joachim von Winterfeldt Menkin, der Landesdirektor der Provinz Brandenburg, zu einem Herrenabend ein. Mehrmals führt Rilke dann in den folgenden Wochen lange Gespräche mit Harry Graf Kessler, der seit 1914 als Rittmeister der Reserve am Krieg teilnimmt. Bei Karl von der Heydt frühstückt der Dichter mit dem Flügeladjutanten des Kaisers, Detlev Graf Moltke. Und bei einer Einladung der Bankiersgattin Edith Andreae ist auch deren Bruder

Wir sprachen wieder über den Krieg. Er weigert sich, diesen Krieg als ein Stück Natur anzusehen. Das Tier stecke in den Dingen drinnen wie ein Kopf von Rodin in einem Marmorblock; der Mensch habe sich aber aus den Dingen losgelöst, habe eine Distanz zu ihnen gewonnen und dadurch Verpflichtungen übernommen. Man könne seine Verirrungen daher nicht ohne Weiteres der Natur zuzählen.

Harry Graf Kessler, Tagebucheintrag vom 12. November 1917

Walther Rathenau anwesend, der spätere Außenminister der Weimarer Republik. Auch den Kontakt zu Richard von Kühlmann, seit Mitte Juli 1917 Staatssekretär des Äußeren, läßt Rilke nicht abreißen. Kühlmann war Rilke bei seiner Befreiung aus den Fängen des Militärs behilflich gewesen, später besucht er ihn in München, und im September 1918 verbringt Rilke einige Tage auf Kühlmanns Gut in Ohlstadt.

Lassen sich Rilkes gute Beziehungen zu Männern, die der Machtelite Deutschlands angehörten, mit der großen Anziehungskraft erklären, die die oberen Zehntausend der Vorkriegsgesellschaft auf ihn ausübten, so gehen seine Sympathien für die politische Linke und die aktiven Kriegsgegner wohl auf eine Zufallsbekanntschaft zurück, die er im Sommer 1917 auf der Herren-Insel im Chiemsee macht. Sophie Liebknecht, deren Mann zu dieser Zeit gerade eine Zuchthausstrafe wegen seiner Kriegsgegnerschaft verbüßt, verbringt zur gleichen Zeit wie Rilke einige Wochen auf der Insel, und als Rilke ihr sein Leiden am Krieg klagt, antwortet sie ihm, dieses Leiden wäre leichter zu ertragen, »wenn Sie unsere Zeit nicht so von sich weisen würden, wenn Sie mehr sich um sie kümmerten ..., wenn Sie ... mehr reelle Beziehung zu ihr hätten«. Dann, so Sophie Liebknechts Überzeugung, könnte Rilke »productiv darunter leiden« und wäre dann »erlöst«. Aber auch eine Sophie Liebknecht konnte aus Rilke, der ihre Loyalität gegenüber ihrem Mann und ihren Freunden vorbehaltlos bewunderte, keinen politischen Menschen machen. Allerdings fragt er im Januar bei Kurt Eisner an, ob dieser zu einer Unterredung über eine von Hertha Koenig in Westfalen geplante Hilfsaktion für die Armen bereit sei. Nachdem Eisner am 7./8. November in München die Republik ausgerufen hat, sind in Rilkes Wohnung in der Ainmillerstraße aktive Revolutionäre zu Gast, etwa Ernst Toller und der Kommunist (und spätere Vizepräsident der Akademie der Künste der DDR) Alfred Kurella.

Unter dem Vorwand eines großen Umsturzes arbeitet die alte Gesinnungslosigkeit weiter und tut mit sich selber unter roten Fahne groß. Es ist furchtbar, es zu sagen: aber dies ist alles ebensowenig wahr, wie die Aufrufe, die zum Kriege aufgefordert haben; weder dies noch jenes ist vom Geiste gemacht.

An Anni Mewes, 19. Dezember 1918

Und nach der Niederschlagung der Räterepublik durch Reichs-
wehr und Freikorps interveniert Rilke zugunsten des als linksre-
volutionär verdächtigten Oskar Maria Graf mit einem Brief an einen Münchner Rechtsanwalt. Auch Rilke selbst wird in dieser
Zeit revolutionärer Umtriebe verdächtigt, seine Wohnung von
schwerbewaffneten Polizisten durchsucht. Aber die Revolution
hat ihn genauso schnell enttäuscht wie Jahre zuvor der Krieg.
Nur in den ersten Novembertagen des Jahres 1918 findet der
Ästhet Gefallen am »Dunst aus Bier und Rauch und Volk« in
den Versammlungssälen.

Sich auf »eine Art von Zukunft« zubewegen, das eigene Dasein planen will Rilke Anfang 1919, zum ersten Mal nach Jahren.
Zunächst plant er das Wiedersehen mit Lou. Von Ende März bis
zum 2. Juni besucht sie ihn in München. Es ist das letzte Zusammensein der Freunde. Wenige Tage später verläßt Rilke Deutschland. Er war schon im Jahr zuvor vom Lesezirkel Hottingen in
Zürich zu einer Lesung eingeladen worden. Aber die Visumsfor-
malitäten gestalteten sich schwierig wegen Rilkes ungeklärter
Staatszugehörigkeit – mit dem Untergang der Donaumonarchie
besaß Rilke nur noch einen provisorischen Paß, wurde dann
staatenlos und schließlich Tscheche. Erst im Juni 1919 sind alle
bürokratischen Hindernisse vorerst aus dem Weg geräumt. Nach
dem Ende des Krieges sind überdies die Auflagenzahlen von Rilkes Büchern sprunghaft gestiegen, so daß die Reisevorbereitun-
gen auch finanziell kein so großes Problem mehr darstellen, wie
es im Jahr zuvor noch den Anschein hatte. Rilkes Abreise aus
Deutschland ist jedoch nicht in erster Linie eine Entscheidung
für die Schweiz, sondern eine Entscheidung gegen Deutschland.
In einem Brief an Lisa Heise formuliert Rilke Gedanken, die
weit über die Zeit nach dem ersten Weltkrieg hinausweisen:
»Für mich ... besteht kein Zweifel, daß es Deutschland ist, das,
indem es sich nicht erkennt, die Welt aufhält. ... Deutschland

In den ersten Tagen der Revolution, ja vielleicht nur an ihrem ersten Morgen,
meinte ich dann ergriffen zu sein und, wenn auch nicht im einzelnen beweg-
licher, doch im Ganzen, im Stück sozusagen, auf eine Art von Zukunft zube-
wegt! Aber der Sturm war nicht da, und so wies es sich, daß man kein Recht
hatte, eigene Zukunft für eine gemeinsame aufzugeben, zu der, wie es
scheint, ja doch niemand rein angetrieben war. Nun sitzt man doch wieder
und sondert das eigne Dasein heraus und überlegts und plant's und hält's
vor den trüben Hintergrund.   *An Lou Andreas-Salomé, 13. Januar 1919*

hätte, im Jahre 1918, im Moment des Zusammenbruchs, alle, die Welt, beschämen und erschüttern können durch einen Akt tiefer Wahrhaftigkeit und Umkehr. Durch einen sichtlichen, entschlossenen Verzicht auf seine falsch entwickelte Prosperität … Deutschland … hat sich nicht jene Würde geschaffen, die die innerste Demut zur Wurzel hat, es war nur auf Rettung bedacht in einem oberflächlichen, raschen, mißtrauischen und gewinnsüchtigen Sinn, es wollte leisten und hoch- und davonkommen, statt, seiner heimlichsten Natur nach, zu ertragen, zu überstehen und für sein Wunder bereit zu sein. Es wollte beharren, statt sich zu ändern.« (2. Februar 1923)

Die Schweizer Jahre

Die Stadt, in der ich aufwuchs, bot keinen
rechten Boden [für ein brauchbares Heimat-
bewußtsein], ihre Luft war weder
die meines Athmens, noch die meines Flugs.
So geschah's unvermeidlich, daß ich mir
Wahlheimathen erwarb.

An Rolf Freiherr von Ungern-Sternberg,

26. Juni 1921

Als Rilke am 11. Juni 1919 von München aus in Richtung Zürich reist, ist seine Zukunft völlig ungewiß. Die Aufenthaltsgenehmigung, die er aufgrund der Einladung des Leseszirkels Hottingen erhalten hat, gilt nur für zehn Tage, und besondere Beziehungen zur Schweiz, Freunde oder gute Bekannte, hat er nicht. Rilkes erstes Ziel ist deshalb die Verlängerung seiner Aufenthaltserlaubnis, um die sich der Präsident des Lese zirkels Hottingen bemüht. Nachdem die Verlängerung bis Mitte August bewilligt worden ist, genießt Rilke erst einmal für einige Zeit das Gefühl, frei zu sein, hofiert und verwöhnt zu werden. Die Hotels, in denen er in Zürich und Bern absteigt, sind exklusiv, und sein neuer Freundeskreis ist es auch. In Nyon wohnt Rilke bei der Gräfin Mary Dobrzensky, einer Freundin Sidie Nádhernýs, ein paar Tage später lernt er durch die Vermittlung des österreichischen Diplomaten Paul Graf Thun-Hohenstein die einflußreiche Familie de Wattenwyl kennen; von März bis Mai 1920 wird Rilke dann auf dem Gut Schönenberg bei Pratteln zu Gast sein, dem Besitz von Hélène Burckhardt-Schazmann, der Mutter des Schweizer Diplomaten und Historikers Carl J. Burckhardt. Aber Rilke lernt in der Schweiz nicht

Die Schweiz im Ersten Weltkrieg:
Die Schweiz bemühte sich im Ersten Weltkrieg um strengste Neutralität und war ein Mittelpunkt der Fürsorge für Kriegsgefangene und Schwerverwundete. Aufgrund seines Mangels an Rohstoffen geriet das Land in diesen Jahren in eine schwierige wirtschaftliche Lage. 1920 trat die Schweiz dem Völkerbund bei, der seinen Sitz in Genf genommen hatte. Auch dem Völkerbund gegenüber wahrte die Schweiz ihren Grundsatz der Neutralität.

nur neue Menschen kennen, er trifft auch alte Bekannte wieder.
Clotilde von Derp und Alexander Sacharoff, mit denen er schon
in Paris Kontakt hatte, geben in Zürich einen Tanzabend; ebenfalls in Zürich begegnet er Ferruccio Busoni, dem Lehrer Magda
von Hattingbergs, sowie Claire Studer und Iwan Goll; der Maler Jean Lurçat bringt ihm »gute Nachrichten« von Marthe, und
in Genf stattet Rilke der Tänzerin Baladine Klossowska einen
Besuch ab. Sie ist mit dem Kunsthistoriker Erich Klossowski
verheiratet, lebt aber von ihm getrennt und hat ihre beiden Söhne Pierre und Baltusz bei sich. Im Juli verbringt Rilke einige Tage bei Inga Junghanns, der dänischen Übersetzerin des ›Malte‹,
und deren Mann in Sils-Baselgia. Danach fährt Rilke nach Soglio, wo er im Palazzo Salis Quartier nimmt. Dort bleibt er von
Ende Juli bis Mitte September. In Soglio findet Rilke die Ruhe,
über seine prekäre Situation nachzudenken. Einen dauernden
Aufenthalt in der Schweiz kann sich Rilke im Grunde nicht vorstellen. Ihm mißfällt die pädagogische Tendenz, die er in der
Schweizer Literatur ebenso wie im öffentlichen Leben wahr-
nimmt, der Tourismusbetrieb in den großen Städten zerrt ihm
an den Nerven, und die Gebirge empfindet er als fremd und bedrückend. Die Alternativen – Rückkehr nach Deutschland oder,
schlimmer noch, nach Österreich – scheinen ihm aber ebensowenig erstrebenswert, auch zu einer Übersiedlung nach Böhmen
oder Italien, wo ihn Marie Taxis und andere Freunde gerne

50 Der Palazzo Salis in Soglio im Bergell

sähen, kann Rilke sich nicht entschließen, und Paris – einst die Stadt seiner Alpträume, nun die Stadt seiner Träume – kommt aus politischen und finanziellen Gründen als ständiger Wohnort nicht in Frage. Rilke sucht nach einem Ort, der es ihm ermöglicht, die »Bruchstellen« zu heilen, die der Krieg seinem Leben aufgezwungen hat, und er sucht nach dem »Elegien-Ort«. Es ist deshalb sicher kein Zufall, daß er sich mit der Schweiz anzufreunden beginnt, als er einen Sinn für das französische Fluidum des Landes entwickelt, zunächst in Lausanne, später dann im Wallis. Nachdem dieser Bezug zu seinem früheren Leben hergestellt ist, fällt es Rilke leichter, sich mit der wohlgeordneten Bürgerlichkeit zu arrangieren, die ihm vor allem in den Städten auf Schritt und Tritt begegnet, zumal er sich in diesen Jahren um eine wohlwollendere Betrachtung des bürgerlichen Lebensmodells bemüht und dessen Sicherheit gebende Funktion durchaus zu schätzen weiß.

Da Rilke auf absehbare Zeit an der Vorläufigkeit seiner Lebenssituation nichts Entscheidendes ändern kann, konzentriert er sich in Soglio auf die unmittelbar bevorstehenden Aufgaben. Aus dem einen geplanten Leseabend ist inzwischen eine Vortragsreise mit sieben Terminen in sechs Städten geworden. Nach einem Wiedersehen mit Marthe Hennebert in Begnins-sur-Gland und einer Woche in Genf kommt Rilke am 25. Oktober nach Zürich zurück, wo er zweimal im Lesezirkel Hottingen liest. Die fünf weiteren Termine sind in St. Gallen, Luzern, Basel, Bern und Winterthur. Rilkes Schweizer Vortragsreise ist in jeder Hinsicht ein Erfolg. Publikum und Kritiker sind begeistert, und er selbst lernt auf der Reise einige Menschen kennen, die zu wichtigen Freunden seiner letzten Jahre werden. Bei seiner zweiten Lesung in Zürich begegnet Rilke der drei Jahre jüngeren Nanny Wunderly-Volkart aus Meilen. Die mit einem Gerbereibesitzer verheiratete Mutter eines erwachsenen Sohnes ist ei-

An Albertina Cassani schreibt Rilke, in Bern habe er begriffen, »was ein ausgeglichenes und gleichmäßiges bürgerliches Wesen in gewissen Zeiten redlich aus sich hervorzubringen vermocht hat: alle diese alten Häuser sind Garantien des guten Willens in jedem Einzelnen und, wie sie aneinander angeschlossen dastehen, ein Beweis gemeinsamen Wollens und Einverstehens. Und diese bürgerlichen Brunnen, die mit soviel Haltung und Selbstbewußtsein das Wasser austeilen, auch seine fließende Natur noch einbegreifend in die etwas feierliche Ständigkeit des zünftigen Daseins.« (27. Juni 1919)

51 Nanny Wunderly-Volkart (1871–1962), die Vertraute Rilkes in seinen letzten Lebensjahren

ne weltkluge Frau, bei der sich ein unaufdringliches mütterliches Wesen mit einem ausgeprägten Sinn fürs Praktische verbindet. Sie wird Rilke in seinen Schweizer Jahren zur treuesten Freundin, und sie ist schließlich auch die einzige, die er an seinem Sterbebett duldet. Wenn Rilke die Abgründe seiner Psyche offenbaren will, schreibt er an Lou. Wenn er Verständnis für die Freuden und Leiden in seinem Dichterleben sucht, schreibt er an die Fürstin Taxis. Wenn er ein Dutzend Taschentücher, Geschirr, Bettwäsche, eine Entscheidungshilfe in den alltäglichen Dingen des Lebens oder menschlichen Trost braucht, wendet er sich an Nanny Wunderly-Volkart, und er wird nie enttäuscht. Auf der letzten Station seiner Schweizer Vortragsreise, in Wintherthur, lernt Rilke dann auch Nanny Wunderly-Volkarts Vetter Werner Reinhart kennen. Werner Reinhart, Teilhaber an der 1851 gegründeten Import-Firma Gebrüder Reinhart, wohnt zusammen mit seinem Bruder Hans im Haus Rychenberg in Winterthur. Dort lernt Rilke auch die beiden anderen Brüder, Georg und Oskar, kennen. Alle Reinharts sind Kunstsammler und Mäzene, und als nach einiger Zeit die sowohl bei

In seinen Schweizer Programmen bot Rilke einen Querschnitt durch sein lyrisches Schaffen, einschließlich der Übertragungen, allerdings ohne das Frühwerk, ohne das ›Stunden-Buch‹ und ohne die schon vorhandenen Elegien. An Prosatexten trug er den in Soglio entstandenen Aufsatz ›Ur-Geräusch‹ vor und improvisierte Berichte seiner Begegnungen mit Tolstoi, Rodin und anderen. Über Rilkes Luzerner Vortragsabend schreibt der Mitarbeiter der ›Luzerner Neuesten Nachrichten‹ in der Ausgabe vom 13. November 1919: »Der Vortragende, eine vornehme Erscheinung mit den beherrschten Gesichtszügen des fein kultivierten Weltmannes und den

den vier Brüdern als auch bei Rilke vorhandene Befangenheit im Umgang miteinander langsam weicht, entwickelt sich zwischen Werner Reinhart und Rilke eine
Freundschaft, die später dazu führen wird,
daß Rilke sich an seinem »Elegien-Ort« nie-
derlassen kann. Bis dahin ist Rilkes Leben
in der Schweiz geprägt von der Suche nach
einem dauerhaften Aufenthaltsort.

Von Dezember 1919 bis Ende Februar
1920 wohnt Rilke in Locarno. Anfang März
kann er dann auf das Gut Schönenberg bei
Basel umziehen, zu Hélène Burckhardt-

52 Werner Reinhart

Schazmann und deren Tochter Theodora, die mit dem Architek-
ten Hans von der Mühll verheiratet ist. Doch Rilkes Aufenthaltsgenehmigung läuft im Mai, so scheint es, unwiderruflich ab. Zu
allem Überfluß erreicht ihn dann im April auch noch die Nachricht, daß alle nach dem 1. August 1914 zugezogenen Ausländer
aus Bayern ausgewiesen werden, er also auch nicht nach München zurückkehren kann: »Demnach werde ich um die Mitte
May zwischen zwei Ausweisungen stehen, eine konfuse Situation.« Rilke beantragt einen tschechoslowakischen Paß, und sobald er diesen in Händen hält, stellt er bei den Behörden den
Antrag, seine Aufenthaltserlaubnis um ein Jahr zu verlängern.
Im Juni folgt er dann einer Einladung der Fürstin Taxis nach
Venedig. Es bedeutet Rilke viel, die Stadt und den Palazzo Val-
marana wiederzusehen, wo er in der gewohnten Herzlichkeit
empfangen wird. Aber er erkennt bei diesem ersten Aufenthalt
nach dem Krieg an einem ihm einst vertrauten Ort, daß das Leben, das er bis 1914 geführt hat, so nicht mehr möglich sein wird.

In der Überzeugung, bald aus Mangel an Geld nach München
zurückkehren zu müssen – eine Bewilligung hierfür hat er dank

131

sehnsüchtig-tiefen Augen des Dichters und Träumers, nahm ... die Hörer sogleich in sanften Bann. ... Rei-
cher, anhaltender Beifall lohnte den
Dichter. Und mochte auch dieser
oder jener Hörer (wie der Schreiben-
de) zu dem oft Schemenhaften, neu-
romantisch Pantheistischen und oft
wieder allzu artistisch Zugespitzten

der Rilkeschen Dichtkunst keine innere Fühlung gewinnen können, so
mußte man doch alle die Vorzüge be-
wundern, die Albert Soergel ... Rilke
nachrühmt: seine betörende Melodie,
die Musik seiner Sprache, die Fein-
heit seiner Beobachtungskunst, seine
Beseelung des Kleinsten und seine
mystische Inbrunst.«

der Intervention des Grafen Julius Zech inzwischen bekommen –, verbringt Rilke nach der Rückkehr aus Venedig noch einige Wochen mit den Freunden in Basel, Zürich, Winterthur und Genf. In Genf sieht Rilke häufig das Schauspielerehepaar Georges und Ludmilla Pitoëff. Doch wichtiger ist ihm das Wiedersehen mit der Tänzerin Baladine Klossowska. Die beiden verbringen viel Zeit miteinander, und in diesen Tagen wird aus der Sympathie, die sie bis dahin füreinander empfanden, eine leidenschaftliche Liebesbeziehung. Baladine, eine erfahrene Frau von Mitte dreißig, temperamentvoll und ein wenig zur Theatralik neigend, spricht offenbar Gefühle und Sehnsüchte an, die Rilke lange Zeit nicht zugelassen hat. Jede Trennung, und dauere sie auch nur wenige Tage, ›überbrücken‹ die Verliebten mit Briefen und Blumen. »Je suis là toujours prête, tu me trouveras partout où tu voudras que je sois avec toi«, säuselt Baladine. Rilke schreibt die Zeilen ab, legt sie als Talisman in seine Brieftasche und greift seinerseits zur Feder: »Moi aussi, Merline, je passe des moments derrière mes mains, pour ne sentir que mon contenu de cœur augmenté, magnifié, multiplié à l'infini.« Rilke nennt die Freundin Merline oder auch Mouky, seine Briefe unterzeichnet er mit René, und zum ersten Mal seit über 20 Jahren läßt er sich auch wieder mit seinem Taufnamen ansprechen. Eine äußere Notwendigkeit dazu besteht nicht, Französisch ist nicht Baladines Muttersprache, sie stammt aus Breslau und könnte sich wohl auch an »Rainer« gewöhnen. Aber René, der Name aus Rilkes Jugendzeit, paßt wohl besser zur Stimmung der Frischverliebten. Anfang Oktober besuchen die beiden zum ersten Mal Sierre.

Die Schweiz scheint Rilke nun als neue Wahlheimat nicht mehr so unvorstellbar wie noch ein Jahr zuvor, um so mehr, als sich für den bevorstehenden Winter überraschend die Möglichkeit ergibt, zum ersten Mal längere Zeit am gleichen Ort zu bleiben. Oberst Jean Ziegler und seine Frau Lily haben Rilke einge-

Vor der Hand merk ich nur, daß sich das Leben nicht in der Weise, wie ich meinte, an die Bruchstellen der Vorkriegszeit wird ansetzen lassen –, es ist doch alles verändert, und jenes zum ›Genuß‹, zur arglosen und immerhin etwas müßigen Aufnehmung eingestellte Reisen, kurz das Reisen des reisenden ›Gebildeten‹ wird ein für alle Mal abgelaufen sein. Das ›geht leer‹ in Zukunft, was natürlich nicht hindert, daß es viele fortsetzen werden, ohne sich über die Abgetanheit ihres Unternehmens Rechenschaft zu geben. Ich meine alles ästhetische Anschauen, das nicht unmittelbar Leistung ist, wird fortan

laden, den Winter auf Schloß Berg am Irchel zu verbringen. Das
Appartement in der Genfer Altstadt, das Rilke zum 1. November 1920 angemietet hat, bezieht er gar nicht erst, denn schon am
12. November bringt Nanny Wunderly-Volkart ihn mit dem
Auto von Zürich aus nach Berg am Irchel. Zuvor hat Rilke eine
Woche in Paris verbracht – ein weiterer Versuch, an das Leben
der Vorkriegszeit anzuknüpfen –, und danach zwei Wochen mit
Baladine Klossowska in Genf. Der Abschied fällt ihr schwer, Rilke dagegen ist einmal mehr in seinem Leben angesichts einer
Trennung ambivalent. Baladines leidenschaftliche Liebe stärkt
sein Selbstwertgefühl, aber für die Zeit auf Schloß Berg hat er
sich viel vorgenommen. Er glaubt, daß sein großes Ziel, die Vollendung der ›Elegien‹, nun in greifbare Nähe gerückt ist. Voller
Enthusiasmus geht er daran, die für jede Schaffenszeit in seinem
Leben notwendige Vorbereitung hinter sich zu bringen: die Auf-
arbeitung der Briefrückstände. In diesen Wochen löst er auch ein
Versprechen ein, das er Baladines zwölfjährigem Sohn Baltusz
gegeben hat: ein Vorwort zu einigen Zeichnungen zu schreiben,
in denen der begabte Junge die Geschichte des Kätzchens Mitsou erzählt, das er gefunden und nach Hause mitgenommen
hatte, und das ihm dann wieder davongelaufen war. Der Band
›Mitsou. Quarante Images par Baltusz. Préface de R. M. Rilke‹
erscheint im Sommer 1921 im Rotapfel-Verlag Erlenbach, Zürich
und Leipzig.

Vermutlich mit bedingt durch die vollkommene Isolation auf
Schloß Berg – wegen der Maul- und Klauenseuche im Dorf darf
Rilke im Herbst den Park des Schlößchens nicht verlassen – und
angeblich unter dem Eindruck einer Halluzination verfaßt Rilke
dann Ende November einen Zyklus von zehn Gedichten, die er
›Aus dem Nachlaß des Grafen C. W.‹ überschreibt – einer der
wenigen künstlerischen Fehlschläge des reifen Rilke. Vier Monate später läßt sich Rilke sogar noch zur Niederschrift einer zwei-

unmöglich sein, – unmöglich im Grunde z. B., in einer Kirche ›Bilder zu be-
wundern‹, es sei denn, daß man wieder, aus Not oder Erhebung offen, vor
eines hingerissen sei und von einem erschreckt und gesegnet. Sie glauben
gar nicht, Fürstin, wie anders, *wie anders* die Welt geworden ist, es handelt
sich drum, das zu begreifen. Wer von jetzt ab so zu leben gedenkt, wie ers
›gewohnt war‹, der findet sich beständig vor der unmittelbarsten Wiederholung, vor dem bloßen Nocheinmal und dessen ganz heilloser Unfruchtbar-
keit.   *An Marie von Thurn und Taxis, 23. Juli 1920*

ten Folge hinreißen, gibt jedoch nur ein einziges der Gedichte (›In Karnak wars. Wir waren hingeritten‹) zum Druck frei. Es erscheint anonym im Insel-Almanach zum Jahr 1923. Über die meisten der Gedichte breitet man am besten den Mantel des Schweigens.

Und dennoch: Rilke fühlt sich Ende des Jahres in ähnlich guter Verfassung wie im Herbst 1915. Doch auch diesmal sollte ihm der große Erfolg versagt bleiben. Damals war es die Einberufung, die ihn aus seiner Schaffensphase riß. Diesmal ist es der Konflikt zwischen dem Leben und der Arbeit, den Rilke noch einmal, ein letztes Mal, durchzustehen hat. Ende des Jahres 1920 erreichen ihn aufgeregte Briefe Baladines aus Genf. Sie leidet schwer darunter, ihm nicht nah sein zu dürfen, sie ist ernstlich krank, hat Kummer wegen ihrer Söhne und droht Rilke kaum verhüllt damit, sich umzubringen. Am 6. Januar verläßt er Berg, fährt nach Genf, bleibt bis zum 1. Februar mit der Freundin zusammen und kehrt dann nach Berg zurück. Aus der Zeit vom 1. Februar bis zum 9. April sind 36 Briefe Rilkes an Baladine veröffentlicht, 38 von Baladine an Rilke. Einige der Briefe haben mehr als zehn Seiten. Wohl erst im Januar oder Februar erzählt Rilke Baladine Genaueres über die ›Duineser Elegien‹, macht ihr klar, wie wichtig diese für sein Leben sind, und versucht zu erklären, daß er für diese Arbeit vor allem Einsamkeit braucht. Baladine glaubt, nun alles zu ver-

134

53 Tänzerin Balladine Klossowska (Merline), Gemälde von Eugen Spiro (1874–1972), 1901

stehen. Doch schon ein paar Tage später ist ihre Sehnsucht wieder größer als ihr Verständnis. Er verspricht der Freundin, sie stärker Anteil an seiner Arbeit nehmen zu lassen. Die Spannungen zwischen beiden steigern sich bis zur Unerträglichkleit. Äußerste Willensanstrengungen, Distanz zu wahren, werden vom Wunsch nach größerer Nähe abgelöst, und nie korrespondieren die seelischen Verfassungen der beiden miteinander.

An eine Fortsetzung der Arbeit ist nach diesen kräftezehrenden Auseinandersetzungen nicht zu denken. In seiner letzten Woche auf Schloß Berg schreibt Rilke Ende April eine längere, stark autobiographische Prosa-Aufzeichnung mit dem Titel ›Das Testament‹. Es sind Bekenntnisse, tagebuchartige Reflexionen und Briefentwürfe an Baladine, in denen er versucht, die Ereignisse der letzten Monate aufzuarbeiten. Im letzten der Briefentwürfe heißt es: »Ich habe Unrecht gethan, Verrath. Ich habe die Umstände, die mir nach sechs Jahren der Zerstörung und Hinderung mit B[erg] geboten waren, nicht ausgenutzt für die unaufschiebbare innere Aufgabe; sie ist mir vom Schicksal unter den Händen entwunden worden.« Am Ende bittet Rilke »die, die mich lieben, um Schonung. Ja, daß sie mich schonen! Daß sie mich nicht verbrauchen für ihr Glück, sondern mir beistehen, jenes tiefste einsame Glück in mir zu entfalten, ohne dessen Große Beweise sie mich doch am Ende nicht würden geliebt haben.« Den Konflikt zwischen Leben und Arbeit hat Rilke auch dieses letzte Mal zugunsten der Arbeit entschieden.

54 Balthus, ›Mitsou‹ Abb. 8.
Arsène Dovitcho Baltusz Klossowski, geboren 1908, mit Künstlernamen Balthus, gehört zu den anerkanntesten Künstlern Frankreichs. Mit seinen Landschaften und Interieur-Szenen mit heranreifenden jungen Mädchen setzten sich vor allem die Surrealisten auseinander.

Nach diesem verhängnisvollen Winter leben Rilke und Baladine mit Schuldgefühlen dem anderen gegenüber: Baladine, weil sie glaubt, Rilke von seiner großen Arbeit abgehalten zu haben, und Rilke, weil er glaubt, er sei wieder einmal an der großen Aufgabe, die die Liebe darstellt, gescheitert. Baladine versucht, einiges von ihrer Schuld wiedergutzumachen, als sie Rilke im Sommer zurät, in den Turm von Muzot zu ziehen und ihm zusammen mit Nanny Wunderly-Volkart dabei hilft, das alte Gemäuer bewohnbar zu machen. Danach kehrt sie nach Berlin zurück und sieht den Freund mehr als ein halbes Jahr lang nicht. Rilke und Baladine gehen getrennte Wege, auch wenn jeder am Leben und an der Arbeit des anderen Anteil nimmt. Sie begegnen einander weiterhin, auch als Liebende. Und zeitweise entwickeln sie eine Souveränität, Gelassenheit und sanfte Ironie im Umgang miteinander, wie sie nur zwischen Menschen möglich sind, die sich einander einmal schutzlos anvertraut haben. Aber beide wissen genug von der Liebe, um nicht den Versuch zu machen, jene intime Nähe zwischen ihnen noch einmal herzustellen.

2

Nach dem schweren Abschied von Berg im Mai 1921 wohnt Rilke mit kurzen Unterbrechungen im Prieuré d'Etoy, einer alten Augustinerpropstei, die zu einer Pension umgebaut worden war. Die Anspannung der letzten Monate ist noch längst nicht von ihm abgefallen, und die Sorgen um die Zukunft sind nicht geringer geworden. Rilke weiß die Gastfreundschaft seiner Schweizer Freunde zu schätzen, er weiß aber auch, daß er die Elegien nur vollenden kann, wenn er einen Ort findet, an dem er auf Dauer mit sich allein sein kann, sei es in der Schweiz oder in einem anderen Land. Seine finanzielle Lage eröffnet ihm die Möglichkeit

Wie schön ist doch dieses Valais. Die Eindrücke von Sion und Sierre haben meine nun schon so vielfältigen Schweizer Erinnerungen mit einem Schlage um Vieles vollzähliger gemacht: ... Vaucluse, Avignon, die Île de Bartelasse und hier diese unheimliche Jonction: alles das ist verschwägert und verwandt durch den Geist dieses Flusses [der Rhône] – und nun wie sehr erst hat er in den großmütigen Tälern des Valais Raum sich auszubreiten und in jeder Wendung er selbst zu sein.

An Hans von der Mühll, 12. Oktober 1920

zu planen, denn trotz des nach wie vor ungünstigen Wechsel-
kurses kann Kippenberg ihm im Juni immerhin 2000 Franken
überweisen. Rilke bittet Baladine in Berlin, zu ihm zu kommen.
Sie trifft Mitte Juni ein, und gemeinsam machen sie sich auf die
Suche nach einer geeigneten Bleibe für Rilke. Als die beiden am
Abend des 30. Juni einen Spaziergang durch Sierre machen, sehen sie in einem Schaufenster die Fotografie eines Gebäudes aus
dem 13. Jahrhundert, »eines Thurmes oder Schlößchen[s]«, so genau kann man das nicht sagen. Die Eigentümerin bezeichnet es
als »Château de Muzot« – sprich: »Müsott« – und verlangt 250
Franken Monatsmiete. Der von Rilke und Baladine hinzugezo-
gene Immobilienmakler ist konsterniert, als er diese Summe hört,
er hielte die Hälfte davon noch für übertrieben. Rilke kann sich
nicht so recht entscheiden. Baladine drängt Rilke, den Turm zu
mieten. Nach einigen Tagen des Zauderns sagt Rilke zu. Nanny
Wunderly-Volkart schaltet ihren Vetter Werner Reinhart ein, der
sich bereit erklärt, die Miete – man einigt sich schließlich auf 175
Franken – zu übernehmen, unabhängig davon, wie lange Rilke
wohnen bleibt. Später wird Werner Reinhart Muzot kaufen und
Rilke ein lebenslanges Wohnrecht gewähren.

Der Gegensatz zwischen den komfortablen Residenzen, an die
Rilke sich in den Jahren zuvor gewöhnt hatte, und dem abgelegenen Turm von Muzot könnten nicht größer sein. Es gibt kein

55 Rilke im Garten von Muzot, im Hintergrund der Wohnturm, um Ostern 1923

elektrisches Licht, Wasser muß man an einem Ziehbrunnen im
Garten holen, und bevor aus den »sehr betrüblich primitive[n]
Kabinetten« bewohnbare Räume werden, ist noch viel zu tun.
Baladine koordiniert die bis in den November hinein dauernden
Renovierungsarbeiten, bei denen Decken abgestützt, Wände ge-
weißt und Rattenlöcher vermauert werden. Vor ihrer Rückreise
nach Berlin sucht sie noch eine Haushälterin für Rilke aus. Die
Wahl fällt auf Frida Baumgartner, die von Baladine und Nanny
Wunderly-Volkart mit den diversen Eigenheiten ihres neuen
Dienstherrn vertraut gemacht wird. Die entscheidenden An-
forderungen Rilkes an eine Haushälterin – Zuverlässigkeit,
Schweigsamkeit und Verständnis für seine vegetarischen Er-
nährungsgewohnheiten – erfüllt Frida Baumgartner aber in so
hervorragender Weise, daß Rilke sie später in Briefen gern »das
Geistlein« nennt. Ab Mitte November schottet er sich dann in
Muzot mehr und mehr von der Außenwelt ab – selbst die Verlo-
bung seiner Tochter mit dem Rechtsreferendar Carl Sieber
nimmt er eher beiläufig zur Kenntnis – und beginnt mit demsel-
ben Ritual wie ein Jahr zuvor in Berg: Er beantwortet Briefe.

Viel Zeit für Lektüre bleibt Rilke in der Vorweihnachtszeit dieses Jahres nicht, und dennoch entdeckt er einen neuen Dichter
für sich: Paul Valéry. Rilke überträgt als erstes dessen Gedicht ›Le
Cimetière marin‹, später dann noch weitere Gedichte, und nach
dem Abschluß der ›Elegien‹ und ›Sonette‹ übersetzt er Valérys
Gedichtband ›Charmes‹ und zwei längere Dialoge. Nicht nur
Valérys Lyrik, auch seine Biographie beeindruckt Rilke. Valéry
hatte sich jahrelang von der Dichtung abgewandt und sich mit
Mathematik beschäftigt, bevor er als beinahe Fünfzigjähriger
wieder begann, Gedichte zu schreiben. Das Vorbild Valérys gibt
Rilke zusätzliche Hoffnung, daß er sein großes Werk wird zu
Ende bringen können. Einen stärkeren Impuls für seine Arbeit
erhielt Rilke jedoch durch die Briefe, die er Ende des Jahres mit

In der griechischen Mythologie ist
Orpheus ein berühmter Sänger und
Saitenspieler, Sohn der Muse Kallio-
pe und des Apollo, der durch seine
Kunst auch wilde Tiere, Steine und
Bäume bezaubern konnte. Orpheus
holte seine verstorbene Gattin
Eurydike aus der Unterwelt. Da er
sich aber trotz des Verbots nach ihr
umschaute, bevor sie das Tageslicht
erreichte, mußte sie wieder zurückkehren.

Gertrud Ouckama Knoop wechselte. Rilke hatte die Familie Knoop in München kennengelernt und war fasziniert von der jüngeren Tochter der Knoops, Wera, einer Tänzerin. Diese war neunzehnjährig im Dezember 1919 an Leukämie gestorben. Rilke, zu dieser Zeit schon in der Schweiz, erhielt zwar die Nachricht vom Tod der jungen Frau, die genauen Umstände aber waren ihm nicht bekannt. Nach diesen erkundigte er sich nun bei der Mutter. Die »Frühverstorbenen« spielten eine wichtige Rolle in Rilkes privater Mythologie als in das Geheimnis des Todes Eingeweihte. Rilke deutete Weras Schicksal in seinen mythischen Kategorien. Damit war die orphische Situation gegeben, Orpheus / Rilke hatte in Wera seine Eurydike gefunden.

Weihnachten verbringt Rilke allein in Muzot, und das neue Jahr beginnt zunächst, wie das alte endete: Rilke schreibt Briefe und kapselt sich ab. Im Februar aber geht das zehn Jahre während Warten, Bangen und Zweifeln für Rilke zu Ende. Zwischen dem 7. und 11. Februar schreibt er die siebente und achte Elegie, den Hauptteil der neunten, beendet die sechste und faßt die zehnte neu. Am 14. Februar schreibt er die fünfte Elegie, die er an Stelle der ›Gegen-Strophen‹ in den Gedichtkreis einfügt. Am 26. Februar entsteht eine neue Fassung des Schlusses der siebenten Elegie. Damit haben die ›Duineser Elegien‹ innerhalb weniger Tage ihre endgültige Gestalt bekommen. Das Werk, an dem Rilke beinahe verzweifelt wäre, ist vollendet.

Vor und nach dem »Sturm der Elegien« schrieb Rilke die 55 ›Sonette an Orpheus‹, denen er die Widmung mitgab: »Geschrieben als ein Grab-Mal für Wera Ouckama Knoop«. Ähnlich wie die Gedichte des ›Marien-Lebens‹, die 1912 zur gleichen Zeit wie die ersten Elegien entstanden waren, hat Rilke auch die ›Sonette an Orpheus‹ stets als weniger bedeutende Nebenprodukte betrachtet, die sich auf dem Weg zu seinem Hauptwerk eher zufällig einstellten. Er legte anfangs nicht einmal besonderen Wert

Mein lieber Rilke, es war mir sehr wohltuend, die *Sonette an Orpheus* aus Ihrer eigenen Hand und begleitet von so guten Worten zu empfangen. ... An diesen Gedichten scheint es mir erstaunlich, wie Sie dem Gebiet des Kaum-zu-Sagenden einen neuen Grenzstreifen abgewonnen haben, und vielfach bezaubert hat mich die Schönheit und Sicherheit, mit der ein subtiler Gedanke wie mit dem bewundernswerten Pinselstrich eines Chinesen hingesetzt ist: Weisheit und rhythmisches Ornament in einem.

Hugo von Hofmannsthal, 25. Mai 1923

darauf, die ›Sonette‹ überhaupt zu veröffentlichen, und stellte es Katharina Kippenberg anheim, die Reihenfolge zu verändern und alle Gedichte auszusortieren, die sie nicht für gut befinde. Erst als Katharina Kippenberg, Marie Taxis und andere Freundinnen und Freunde die ›Sonette‹ positiv aufnehmen, gewinnt auch Rilke eine positive Einstellung zu diesem Werk, in dem die Themen und Stoffe, die ihn zeitlebens beschäftigten, nicht weniger überzeugend verarbeitet sind als in den ›Elegien‹, nur eben entspannter und souveräner. Die Feier des Ursprünglichen und Naturhaften, die Kritik am entfremdeten Leben in der Moderne, die Künstlerthematik, Vergänglichkeit und Tod, das Leiden an der Liebe, das alles steht in den ›Sonetten an Orpheus‹ im Zeichen der Forderung, die »Klage« immer nur im »Raum der Rühmung« gelten zu lassen:

> … Jubel weiß, und Sehnsucht ist geständig, –
> nur die Klage lernt noch; mädchenhändig
> zählt sie nächtelang das alte Schlimme.
> Aber plötzlich, schräg und ungeübt,
> hält sie doch ein Sternbild unsrer Stimme
> in den Himmel, den ihr Hauch nicht trübt.
> > ›Nur im Raum der Rühmung darf die Klage‹

Immer wieder plädiert Rilke in den ›Sonetten‹ dafür, die Welt in ihrer Hinfälligkeit zu lieben und das eigene Leben als ein vergängliches anzunehmen. Daß diese Forderung Rilkes kein Gedankenspiel eines weltentrückten Dichters darstellt, sondern vielmehr höchst polemischer Natur ist, beweist der zur gleichen Zeit wie die ›Elegien‹ und ›Sonette‹ entstandene ›Brief des jungen Arbeiters‹. In diesem attackiert Rilke, wie schon in den ›Christus-Visionen‹ und in den ›Aufzeichnungen des Malte Laurids Brigge‹, Christus als eine Gestalt, die eine intensive Beziehung des

Stiller Freund der vielen Fernen, fühle,
wie dein Atem noch den Raum vermehrt.
Im Gebälk der finstern Glockenstühle
laß dich läuten. Das, was an dir zehrt,

wird ein Starkes über dieser Nahrung.
Geh in der Verwandlung aus und ein.
Was ist deine leidendste Erfahrung?
Ist dir Trinken bitter, werde Wein.

Gläubigen zu Gott eher verhindere als sie zu vermitteln. Gottes Botschaft annehmen heißt für Rilke, sich dem Diesseits zuzuwenden: »Das Hiesige recht in die Hand nehmen, herzlich liebevoll, erstaunend, als unser, vorläufig, Einziges: das ist zugleich, es gewöhnlich zu sagen, die große Gebrauchsanweisung Gottes.«

3

Nach der Vollendung der ›Elegien‹ lebt Rilke in der Gewißheit, seinen dichterischen Auftrag im wesentlichen erfüllt zu haben. An die Stelle der düsteren Grundstimmung vergangener Jahre tritt bei Rilke jetzt ein nie gekanntes Glücksgefühl und eine entspannte Heiterkeit, die dazu führt, daß einiges, was ihm früher eine Last war, jetzt zu einer Quelle der Freude wird. Dazu zählen vor allem die zahlreichen Besuche, die er in den Sommermonaten in Muzot empfängt. Baladine Klossowska verbringt 1922 und 1923 jeweils mehrere Monate in Muzot, zeitweise zusammen mit ihrem Sohn Baltusz. Der Anatomie-Professor Strasser kommt mit seiner Tochter Felicia aus Bern im Frühjahr 1922 für einen Tag zu Rilke, der Architekt Guido von Salis ist drei Tage zu Gast und macht dabei Vorschläge für notwendige Umbauarbeiten, später trifft die Fürstin Taxis ein, danach Kippenbergs, die mit Werner Reinhart befreundete Künstlerin Alice Bailly und Antoine Contat, der Vize-Kanzler der Eidgenossenschaft. Im Jahr darauf zählen zu Rilkes Gästen Regina Ullmann und ihre Freundin Ellen Delp, Werner Reinhart, der die australische Geigerin Alma Moodie mitbringt, Mary Dobrzensky, wiederum die Fürstin Taxis und Rudolf Kassner. Allen, die ihn schon länger kennen, fällt die Veränderung in Rilkes Stimmung auf. Und Rudolf Kassner war nicht der einzige seiner alten Freunde, die nach ihrem Besuch auf Muzot ein Phänomen beschrieben haben,

Sei in dieser Nacht aus Übermaß
Zauberkraft am Kreuzweg deiner Sinne,
ihrer seltsamen Begegnung Sinn.

Und wenn dich das Irdische vergaß,
zu der stillen Erde sag: Ich rinne.
Zu dem raschen Wasser sprich: Ich bin.

›Sonette an Orpheus‹

das früher nicht gerade zu den bleibenden Eindrücken von Rilkes Persönlichkeit gezählt hatte: sein einzigartiges Lachen.

Rilke glaubte zwar, sein Lebenswerk mit den ›Elegien‹ vollendet zu haben, doch bedeutete das nicht, daß er als Dichter nun verstummte. Er lenkte seine Produktivität in seinen letzten Jahren allerdings in andere Bahnen. Als die ›Sonette an Orpheus‹ und die ›Duineser Elegien‹ im März beziehungsweise Juni 1923 erscheinen, ist Rilke bereits intensiv mit Übertragungen aus dem Französischen beschäftigt. An erster Stelle stehen dabei die Gedichte Paul Valérys. Im Insel-Verlag erscheint 1925 der Band ›Paul Valéry: Gedichte‹, der den größten Teil von Valérys Gedichtband ›Charmes‹ in der Übertragung Rilkes enthält. Daneben schreibt Rilke zahlreiche französische Gedichte, von denen einige 1926 unter dem Titel ›Vergers‹ in Paris veröffentlicht werden. Der Band wird ergänzt durch eine Sammlung von ›Les Quatrains Valaisans‹ überschriebenen Gedichten – lyrische Momentaufnahmen aus dem Wallis, die in der Klarheit der Wahrnehmung, der präzisen Diktion und der heiteren Gelassenheit des Tons den ›Sonetten an Orpheus‹ verwandt sind. Zwei weitere Ausgaben von Gedichten in französischer Sprache – die kleinen Zyklen ›Les Roses‹ und ›Les Fenêtres‹ – hat Rilke in seinem letzten Lebensjahr noch vorbereitet. Ihr Erscheinen hat er jedoch nicht mehr erlebt. Mit seinen französischen Gedichten kehrt Rilke zumindest sprachlich in seine Wahlheimat Frankreich zurück. Deutschland ist für den in der untergegangenen Doppelmonarchie Österreich-Ungarn geborenen, nun als tschechischer Staatsbürger deutscher Muttersprache in der Schweiz lebenden Rilke spätestens seit der Ermordung Walther Rathenaus im Juni 1922 indiskutabel geworden.

Die französischen Gedichte bilden nur eine Facette von Rilkes Hinwendung zu Frankreich in seinen letzten Lebensjahren. Mehr Aufsehen als mit seinen Gedichten erregte Rilke zu Lebzeiten

Walter Rathenau (1867– 1922), Politiker und Industrieller. Als Vorstandsmitglied der AEG baute er bei Beginn des Ersten Weltkriegs die Kriegsrohstoffabteilung im preußischen Kriegsministerium auf. 1919 beteiligte er sich an der Vorbereitung zur Versailler Friedenskonferenz, am 1. Februar 1922 wurde er Reichsaußenminister. Als deutscher Vertreter auf der Konferenz von Genua schloß er den Rapallo-Vertrag ab. Wegen seiner angeblichen »Erfüllungspolitik« wurde er besonders von nationalistischen und antisemitischen Gruppen angegriffen. In diesen Kreisen entstand auch der Plan des Attentats, das am 24. Juni 1922 auf ihn verübt wurde.

> Berlin ist mir noch entsetzlicher und odioser geworden, über diesem neuen
> Verbrechen, dieser heillosen Ermordung Walther Rathenau's, durch die
> nun der letzte Verständiger vernichtet ist, der das blind-obstinate Deutsch-
> land noch mit der übrigen Welt in Leitung und Spannung hielt. – Mein Ent-
> setzen hatte eine Seite die ganz schmerzliche Bestürzung; denn ich kannte
> ja den so arg hingeopferten genug, um zu wissen, wie bedeutend seine An-
> lagen waren und wie groß die Erfahrung, mittels deren er sie organisiert
> hatte. Ich schrieb seiner Schwester, Retter, zu spät gerufen, war nicht seines
> eigensten Amtes; seine viel angemessener hätte es empfunden, rechtzeitig,
> im Einklang mit Wohl- und Gleichgesinnten, ›Verhüter‹ noch eben abwend-
> baren Unheils zu sein! – Aber dem, wie Allem für Deutschland Heilsamen,
> war dieser aufgeputzte kaiserliche Popanz im Weg, er, und die Millionen,
> denen seine Großthuerei gefiel.   *An Nanny Wunderly-Volkart, 28. Juni 1922*

mit seinen Versuchen, die zeitgenössische französische Literatur
im deutschen Sprachraum bekannt zu machen. Allen Freunden
und Briefpartnern, die ihn in seinen letzten Jahren um Lektüre-
empfehlungen bitten, legt Rilke französische Autoren ans Herz:
Valéry natürlich und Proust, André Maurois, André Gide, Jac-
ques Sindral, Henry de Montherlant, François Mauriac, Robert
de Traz, Paul Claudel, Jean Moréas, Edmond Jaloux, Jean Coc-
teau und andere. Da Rilkes Freunde meist einflußreich waren
und ihrerseits einen großen Bekanntenkreis hatten, besaßen sie
eine durchaus beachtliche Multiplikatorfunktion, so daß Rilkes
Empfehlungen sicher nicht ohne Wirkung blieben. Einige der
von ihm geschätzten französischen Autoren kannte Rilke auch
persönlich. Er mußte aber einmal mehr erfahren, daß Künstler
sich den Spannungen in ihrem gesellschaftlichen Umfeld nicht
immer entziehen können. Als André Gide kurz nach Prousts Tod
anregt, Rilke für einen Beitrag zur Gedenknummer der ›Nouvelle
revue française‹ zu gewinnen, lehnt Prousts Familie das Ansinnen
mit der Begründung ab, kein deutscher Dichter dürfe sich diesem
Grab nähern. Teile der deutschen Geisteswelt wiederum nehmen
ein paar Jahre später Anstoß an Rilkes Aufenthalt in Paris.

> Es ist für uns schwerringende Deutsche, die wir mit ganzem Sinnen und
> Trachten auf Wiederaufbau bedacht sind …, nicht leicht, solche Dinge zu
> lesen. Am schwersten leiden wir unter Frankreich und der »größte Lyri-
> ker des heutigen Deutschlands« flaniert in Paris herum.
> *Aus einem Artikel Friedrich Lienhards in seiner ›Der Türmer‹ genannten*
> *»Monatsschrift für Gemüt und Geist« zu einem Bericht über Rilkes*
> *Paris-Aufenthalt in der Zeitschrift ›Nouvelles Littéraires‹, Sommer 1925*

Der durch Anfeindungen wie diese genährte Eindruck, Rilke habe sich völlig von deutscher Dichtung abgewandt, entsprach jedoch nicht der Realität. Zwar entsteht nach den ›Elegien‹ und ›Sonetten‹ kein vollständiger Gedichtzyklus mehr, aber Rilke schreibt auch weiterhin Gedichte in deutscher Sprache. Zahlenmäßig überwiegen die Widmungs- und Gelegenheitsgedichte für Freunde. Daneben stehen ambitioniertere lyrische Texte wie die Briefgedichte an Erika Mitterer, eine achtzehnjährige Wiener Lyrikerin, die Rilke im Frühjahr 1924 ihren ersten ›Brief aus Gedichten‹ schreibt. Rilke antwortet seinerseits mit einem Briefgedicht, und der daraus entstehende Briefwechsel in Gedichten umfaßt bis zum August 1926 dreizehn Antworten Rilkes mit etwa fünfzig Gedichten. Briefe im eigentlichen Sinn werden zwischen den beiden nicht gewechselt, und es kommt auch nur zu einer einzigen persönlichen Begegnung im November 1925 in Muzot. In einigen späten Gedichten betritt Rilke schließlich sogar noch einmal poetisches Neuland. Der Verzicht auf Gegenständlichkeit und auf eine die sprachlichen Verdichtungen logisch verknüpfende Syntax – typisch für die deutsche Lyrik der Zeit nach dem Zweiten Weltkrieg, etwa für Paul Celan und Ingeborg Bachmann – kennzeichnet Gedichte wie ›Idol‹ und ›Gong‹.

4

Zunächst empfindet Rilke es nicht als etwas Ungewöhnliches, daß zu der Erschöpfung nach der immensen Arbeitsleistung des Winters 1921/1922 auch körperliche Schwäche und eine gewisse Kränklichkeit gehören. Ähnliches hat er schon nach dem Abschluß des ›Stunden-Buchs‹, der ›Neuen Gedichte‹ und der ›Aufzeichnungen des Malte Laurids Brigge‹ erlebt. Diesmal allerdings hören die Beschwerden nicht auf. Magen- und Darmpro-

> Nicht mehr für Ohren ...: Klang,
> der, wie ein tieferes Ohr,
> uns scheinbar Hörende, hört.
> Umkehr der Räume. Entwurf
> innerer Welten im Frein ...,
> Tempel vor ihrer Geburt,
> Lösung, gesättigt mit schwer löslichen Göttern ...: Gong!
> [...]
>
> ›Gong‹

bleme, eine schon fast chronische Müdigkeit – Rilke schläft zehn bis elf Stunden täglich –, eine dauernde Anfälligkeit für grippale Infekte und unerklärliche Schmerzzustände machen ihn mürbe, und als er schließlich im Sommer 1923 in Zürich einen Arzt konsultiert, rät dieser ihm dringend zu einer Kur im Sanatorium Schöneck bei Beckenried am Vierwaldtstätter See. Als Rilke dort am 22. August eintrifft, wiegt er gerade noch 49 Kilo. Vier Wochen Bäder, Güsse und Galvanisieren bringen keine bemerkenswerte Verbesserung seines Zustandes, und so kehrt Rilke nach Muzot zurück, wo er bis in den November hinein mit Baladine Klossowska zusammen ist. Dort beschäftigt ihn bis Weihnachten vor allem die Sorge um Ruth, die Anfang November ihr erstes Kind zur Welt gebracht hat. Da in Deutschland im November die Rentenmark als neue Währung eingeführt worden ist, wird die finanzielle Absicherung von Frau, Tochter und Enkelkind problematisch. Wie immer in finanziellen Angelegenheiten bittet Rilke Kippenberg, das Mögliche zu tun. Rilke selbst ist kurz vor Weihnachten wieder so schwach, daß er sich nicht einmal um die Geschenke für seine Familie selbst kümmern kann und Nanny Wunderly-Volkart bittet, ein Lebensmittelpaket für sie zusammenzustellen. Nach Weihnachten erleidet Rilke dann einen Zusammenbruch. Er bittet Georg Reinhart telegraphisch um Hilfe, und dieser empfiehlt ihm das Sanatorium Val-Mont sur Territet über dem Genfer See. Dort bleibt Rilke bis zum 20. Januar in Behandlung von Dr. Theodor Haemmerli-Schindler. Haemmerli hält Rilkes Beschwerden, deren Ursache er nicht diagnostizieren kann, für überwiegend psychosomatischer Natur. Er rät Rilke, den Lebensstil des Einsiedlers aufzugeben und endlich seinen Plan zu verwirklichen, nach Paris zu fahren. Rilke fühlt sich dafür jedoch noch nicht stark genug. Zudem sieht seine finanzielle Lage, nicht zuletzt bedingt durch den kostspieligen Aufenthalt in Val-Mont, alles andere als rosig aus. Und

145

56 Das Sanatorium Val-Mont, in dem Rilke das Zimmer 49 im dritten Stock bewohnte

außerdem möchte er endlich wieder »in Arbeit kommen«, was im Herbst und Winter – in den Jahreszeiten also, die immer seine produktivsten waren – durch seine körperlichen »Übelstände« verhindert worden war. Tatsächlich entstehen von Mitte Februar bis in den Juni hinein neben den Gedichten in französischer Sprache mehr als zwanzig deutsche. Die anstehenden Besuche lenken Rilke zusätzlich von der ständigen Beschäftigung mit seinem Gesundheitszustand ab. Anfang April findet die lang ersehnte erste Begegnung mit Paul Valéry statt, der Rilke in Muzot besucht. Danach treffen Werner Reinhart und Alma Moodie wieder ein, kurz darauf Hans Reinhart und der Komponist Ernst Křenek mit seiner Frau. Auch Kippenbergs kommen für einige Tage, schließlich noch Clara mit ihrem Bruder Helmuth Westhoff.

Zu den Gästen, die Rilke in diesem Jahr in Muzot begrüßt, zählt auch der zweiundzwanzigjährige Student Jean Rudolph von Salis, den Freunde bei Rilke angemeldet haben. Daß Rilke sich tagelang um einen ihm fremden jungen Menschen kümmert, mag auf den ersten Blick überraschen. Aber Salis ist nicht der einzige Vertreter der jungen Generation, dem Rilke in seinen späten Jahren lebhaftes Interesse entgegenbringt. Unermüdlich läßt er beispielsweise seine Verbindungen zu den Freunden in Paris spielen, um den Söhnen von Baladine Klossowska zu einer Ausbildung in Frankreich zu verhelfen; und Richard Weininger gegenüber schildert er deren Talente so lange in den leuchtendsten Farben, bis dieser sich bereit erklärt, die Finanzierung ihrer Ausbildung teilweise zu übernehmen. Schließlich lernt Rilke in Sierre auch noch den jungen Arbeiter Henri Gaspoz kennen und bewegt Werner Reinhart und Henri Detraz, den Direktor der Aluminiumwerke in Chippis, dazu, diesem die Ausbildung zum Ingenieur zu ermöglichen.

Nach den Besuchen fährt Rilke zu einem Kuraufenthalt nach Bad Ragaz, wo er unter anderem mit der Fürstin Taxis zusam-

Wir hatten uns nach dem einfachen Nachtmahl ins Arbeitszimmer im oberen Stockwerk begeben, wo ich ... den Hausherrn beobachtete, wie er die Petrollampe anzündete ..., während zwei Kerzen ihr Licht über die Blätter auf dem Stehpult verbreiteten. Er las zuerst das französische Original, dann seine Übertragung einiger Gedichte von Paul Valéry ... Die bleibendste Erinnerung an den mit starken Betonungen ... vortragenden Rilke ist der Eindruck souveränen Künstlertums. Hier las nicht nur ein Dichter, hier stand auch ein Mann ... ein Mann mit seiner Härte. *Jean Rodolphe von Salis*

mentrifft, und kehrt über Meilen nach Muzot zurück. Die Hoffnung, daß sein Gesundheitszustand sich gebessert habe, erweist sich jedoch bald als trügerisch. Im Herbst konsultiert er wiederum Dr. Haemmerli, und von Ende November bis Anfang Januar muß Rilke sich erneut nach Val-Mont begeben. Der Aufenthalt bewirkt zwar wieder keine entscheidende Besserung, ist aber dieses Mal weniger deprimierend, weil Nanny Wunderly-Volkart sich zur selben Zeit ebenfalls als Patientin in Val-Mont aufhält. Mit ihr zusammen feiert Rilke Weihnachten in der Klinik. Anfang Januar entschließt er sich dann, dem Rat seines Arztes endlich zu folgen: ohne noch einmal nach Muzot zurückzukehren, reist er nach Paris. Beinahe jeden Tag trifft Rilke sich dort mit Baladine Klossowska, deren Wohnung nahe beim Hotel Foyot liegt, in dem Rilke während seines ganzen Aufenthalts wohnt. Mit ihr oder allein nimmt Rilke zahllose Termine wahr. Er sieht alte Freunde wieder – Marianne Mitford, Marthe Hennebert, Carl J. Burckhardt, Thankmar von Münchhausen, Claire Goll, Harry Kessler, das Tänzerpaar Alexander und Clotilde Sacharoff und andere –, knüpft wie nebenbei aber auch noch eine Reihe von neuen Beziehungen an, so zum Kritiker Charles Du Bos, mit dem ihn schnell eine recht intensive Freundschaft verbindet, zum Romancier Edmond Jaloux, zu Hugo von Hofmannsthals Tochter Christiane und zu dem Schriftsteller und Übersetzer Maurice Betz, der gerade dabei ist, den ›Malte‹ zu übertragen. Mit Betz trifft Rilke sich in diesen Monaten täglich, um an der Übersetzung zu arbeiten. Im August, als immer mehr Freunde ans Meer fahren, verläßt Rilke dann die Stadt, die in seinem Leben eine so wichtige Rolle spielte, ohne sich von irgend jemandem zu verabschieden. Baladine begleitet ihn zurück in die Schweiz und fährt Mitte September nach Paris zurück.

Bevor Rilke nach Muzot zurückkehrt, geht er erneut für zwei Wochen zur Kur nach Bad Ragaz. Von dort aus instruiert er sei-

57 Rilke in Paris, 1926. Den Aufenthalt in Paris, der einige Wochen dauern sollte und schließlich auf fast acht Monate verlängert wurde, plante Rilke als Kontrastprogramm zu der Abgeschiedenheit im Wallis: Rilke wollte Menschen sehen und Beziehungen fortsetzen. Doch schon nach ein paar Tagen schreibt er an Anton Kippenberg, er sehe sich nun in der Rolle des »Zauberlehrlings« und habe einmal ein paar Stunden für sich.

ne potentielle neue Haushälterin Ida Walthert brieflich, wie das Haus, der Garten und er selbst zu behandeln seien. Zu allem komme »große Einsamkeit«, denn: »mit litterarischen Arbeiten beschäftigt, wünsche ich nicht gestört zu sein«. Trotzdem könne eine »angenehme persönliche Aufgabe sich entwickeln, die lohnt und freut«. Ida Walthert ließ sich nicht abschrecken; sie wurde Rilkes letzte Haushälterin.

Anfang Oktober verschlechtert sich Rilkes Befinden dramatisch. Zum ersten Mal zeigen sich spezifische Symptome. Unter anderem treten Knötchen innen an der Lippe auf, die ihn am Sprechen hindern und die Angst hervorrufen, er könne an Krebs leiden. Rilke schreibt sein Testament »für den Fall einer mich mir mehr oder weniger enteignenden Krankheit«. Es enthält unter anderem die Bestimmung, daß Rilke keinen Priester an seinem Krankenbett haben möchte. Falls er in der Schweiz stirbt, will er auf dem Friedhof von Raron beerdigt werden. Der Grabstein soll das alte Familienwappen der Rilkes tragen, darunter den Grabspruch: »Rose, oh reiner Widerspruch, Lust, / Niemandes Schlaf zu sein unter soviel / Lidern«. Möbel und Gegenstände auf Muzot betrachtet Rilke nicht als sein persönliches Eigentum, Nanny Wunderly-Volkart und Werner Reinhart sollen darüber verfügen. Lediglich die Familienbilder sollen Ruth gehören. Dem Insel-Verlag überläßt Rilke es, seine Briefwechsel nach Belieben zu veröffentlichen – eine Verfügung mit weitreichenden Folgen. Bis heute sind mehr als 6000 Briefe Rilkes veröffentlicht. Wie viele er insgesamt geschrieben hat, läßt sich nicht genau sagen, konservativen Schätzungen zufolge mindestens 10 000. Sein Testament übersendet Rilke an Nanny Wunderly-Volkart.

Schon in den Tagen vor seinem fünfzigsten Geburtstag will Rilke wieder nach Val-Mont fahren, doch Dr. Haemmerli teilt ihm mit, daß er selbst nicht anwesend sei, und so hält es Rilke noch einige Tage in Muzot aus. Seinen Geburtstag verbringt er

58 Rilke bei Julien Monod in Anthy

krank und allein im Turm von Muzot. Am 20. Dezember trifft
Rilke abends in Val-Mont ein. Er erhält dasselbe Zimmer wie im
Vorjahr: Nr. 47. Haemmerli hält Rilkes Symptome nach wie vor
für harmlos, weiß aber andererseits auch nicht so recht, wie er
seinem Patienten helfen könnte. Falls der Arzt zu diesem Zeitpunkt schon einen Verdacht hat, unter welcher Krankheit Rilke
leidet, so läßt er es ihn nicht spüren. Diesmal muß Rilke über
fünf Monate in der Klinik bleiben. Paula Riccard, die Rilke hier
kennenlernt, beschreibt ihre Mit-Patienten: »Amerikanische Öl-
magnaten, brasilianische Pflanzer, argentinische Weizenkönige
saßen Tisch an Tisch mit ungarischen Adligen, holländischen Industriellen, die für ihre in Java und Sumatra erkrankten Nieren
und Magen Heilung suchten« – eine Atmosphäre, die an Thomas Manns ›Zauberberg‹ erinnert. Zum Arbeiten kommt Rilke
in Val-Mont wegen der zahlreichen Anwendungen auch dann
kaum, wenn es sein Zustand erlauben würde. Ein wenig Abwechslung vom Alltag in der Klinik verschafft er sich im Frühjahr bei gelegentlichen Ausflügen nach Glion zu Nanny Wunderly-Volkart, nach Lausanne oder Vevey zum Einkaufen. Ende
Mai läßt er Ida Walthert zum Packen nach Val-Mont kommen,
das er am 1. Juni, scheinbar erholt, verläßt. In Sierre wohnt Rilke
im Hotel Bellevue, weil auf Muzot Renovierungsarbeiten im
Gange sind. Er überträgt Valérys ›Fragments du Narcisse‹,
schließt eine kleine Sammlung mit französischen Gedichten ab
und bittet Nanny, ihm eine Sekretärin zu besorgen, da er gleich
nach der Rückkehr von dem für Juli und August geplanten Kuraufenthalt in Bad Ragaz mit der Übertragung der beiden Valéry-
Dialoge ›Eupalinos‹ und ›L'âme et la danse‹ beginnen will. In Bad
Ragaz verbringt Rilke eine Woche gemeinsam mit der Fürstin Taxis und bleibt danach noch fünf Wochen allein in dem Kurort.
Von seinem Charme hat er durch die Krankheit offenbar nichts
eingebüßt. Kaum ist die Fürstin abgereist, lernt Rilke die nieder-

Ich lebe seit zwei Jahren mehr
und mehr in der Mitte eines
Schreckens ... Es ist ein entsetzli-
cher Cirkel, ein Kreis böser Ma-
gie, der mich einschließt wie in
ein Breughel'sches Höllenbild.
An Lou Andreas-Salomé,
31. Oktober 1925

ländische Sängerin Beppy Veder und deren Mutter kennen, mit
denen er viel Zeit verbringt. Auch im September, als er im Sa-
voy-Hotel in Ouchy-Lausanne als Gast von Weiningers logiert,
bleibt Rilke nicht lange ohne weibliche Begleitung. Edmond Jaloux stellt ihm die ägyptische Schauspielerin Nimet Eloui vor,
die gerade voller Bewunderung den ›Malte‹ gelesen hat und ihr
Glück kaum fassen kann, daß sie unvermutet dessen Verfasser
gegenübersteht. In den Tagen nach ihrer ersten Begegnung gibt
es nur einen einzigen Grund, der Rilke davon abhält, mit der
schönen Frau zusammen zu sein: die zufällige Gelegenheit, Paul
Valéry wiederzusehen, der gerade bei seinem Freund Julien Monod in Anthy zu Gast ist. Niemand, der Rilke an diesem Tag
sieht, kommt auf die Idee, daß das Ende nah ist.

Noch in Lausanne stellt sich bei Rilke die russische Emigran-
tin Schenja Tschernoswitow als Sekretärin vor. Mit ihr zusammen fährt er nach Sierre zurück. Er quartiert sie im Hotel Bellevue ein, wo sie die Ergebnisse von Rilkes täglicher Arbeit in die
Maschine schreibt. Als Nanny Wunderly-Volkart Rilke in diesen
Tagen im Restaurant des Hotels Bellevue sieht, erschrickt sie: »So
elend, so ängstlich, bleich wie nach einer schweren Krankheit
sah er aus. Aber nachher vergaß ich es – er war lebhaft, lieb und
wir mußten erzählen.« Die kleine Verletzung am Finger, die Rilke sich Mitte Oktober zuzieht, als er eine Rose pflücken will,
sieht zunächst harmlos aus, ruft jedoch in kürzester Zeit eine
schwere Entzündung der linken Hand hervor. Einen Tag später
greift die Entzündung auch auf die rechte Hand über. Da er zum
Schreiben also nicht in der Lage ist, macht er mit Schenja einen
Ausflug nach Sion, wo er sich noch zusätzlich mit einem Darm-
virus infiziert. Nanny Wunderly-Volkart und Schenja überreden
ihn, ins Hotel Bellevue umzuziehen. Dort verschlechtert sich sein
Zustand von Tag zu Tag mehr. Nur mit äußerster Kraftanstren-
gung kann er Schenja vom Krankenbett aus noch Briefe diktie-

150

Komm du, du letzter, den ich anerkenne,
heilloser Schmerz im leiblichen Geweb:
wie ich im Geiste brannte, sieh, ich brenne
in dir; das Holz hat lange widerstrebt,
der Flamme, die du loderst, zuzustimmen,
nun aber nähr' ich dich und brenn in dir.
Mein hiesig Mildsein wird in deinem Grimmen
ein Grimm der Hölle nicht von hier.

ren. Hans und Theodora von der Mühll, die Rilke Mitte November auf der Heimreise aus dem Süden besuchen, sind erschrocken über sein schlechtes Aussehen und seine Müdigkeit. Ende November werden seine Schmerzen unerträglich. Rilke läßt einen Arzt kommen, der ihn nach Val-Mont überweist. Schenja begleitet Rilke auf seiner letzten Fahrt. Gleich nach der Ankunft in Val-Mont

59 Kirche von Raron

wird eine Blutuntersuchung vorgenommen, deren Ergebnis einem Todesurteil gleichkommt: Rilke leidet unter einer seltenen, besonders schmerzhaften Form akuter Leukämie. Eine Heilung gibt es nicht. In den ersten Tagen läßt er noch zu, daß Schenja ihn besucht. Danach ist Nanny Wunderly-Volkart die einzige, die er um sich haben will. Selbst Clara, die nach Val-Mont gekommen ist, will er nicht sehen. Seine letzten Briefe schreibt er an Lou, an Baladine und an Kassner, den er bittet, die Fürstin zu informieren, soweit er es für richtig hält. Da ihm für weitere Briefe die Kraft fehlt, bittet Rilke Nanny, Karten zu drucken, auf denen er den Freunden mitteilt, er sei »*gravement malade*«. Nanny versendet für ihn weit über hundert dieser Karten. Rainer Maria Rilke stirbt in den frühen Morgenstunden des 29. Dezember 1926. Die Beisetzung findet am 2. Januar 1927 in eisiger Kälte auf dem Bergfriedhof von Raron statt. Am Begräbnis nehmen von den ihm nahestehenden Menschen teil: Nanny Wunderly Volkart, Werner Reinhart, Anton und Katharina Kippenberg, Regina Ullmann, Lulu Albert-Lazard und Alma Moodie. Die Fürstin Taxis läßt später durch Freunde einen Lorbeerkranz am Grab niederlegen.

Ganz rein, ganz planlos frei von Zukunft stieg
ich auf des Leidens wirren Scheiterhaufen,
so sicher nirgend Künftiges zu kaufen
um dieses Herz, darin der Vorrat schwieg.
Bin ich es noch, der da unkenntlich brennt?
Erinnerungen reiß ich nicht herein.
O Leben, Leben: Draußensein.
Und ich in Lohe. Niemand der mich kennt.

Letzter Tagebucheintrag
Mitte Dezember 1926

Zeittafel

1838 Josef Rilke, der Vater, in Schwa-
      bitz (Böhmen) geboren.
1851 Rilkes Mutter, Sophie Entz, in
      Prag geboren.
1873 Heirat der Eltern.
1875 4. Dezember: René Karl Wilhelm
      Johann Josef Maria Rilke in Prag
      geboren.
1878 21. November: Clara Westhoff in
      Bremen geboren.
1882–1886 Besuch der von Piaristen ge-
      leiteten Volksschule in Prag. Nach
      der Trennung der Eltern 1884
      bleibt Rilke bei der Mutter.
1886 Am 1. September tritt Rilke in die
      Militärunterrealschule St. Pölten
      ein; erste Gedichte.
1890 Nach Abschluß der Militärunter-
      realschule wechselt Rilke in die
      Militäroberrealschule Mährisch-
      Weißkirchen über.
1891 Wegen Krankheit verläßt Rilke
      die Militäroberrealschule. Er be-
      ginnt einen dreijährigen Kurs auf
      der Handelsakademie in Linz, den
      er Mitte des folgenden Jahres ab-
      bricht.
1892 Ab Herbst: private Vorbereitung
      auf das Abitur.
1893 Beginn der Freundschaft mit Vale-
      rie von David-Rhonfeld.
1894 Rilkes erstes selbständiges Ge-
      dichtbuch, ›Leben und Lieder‹,
      erscheint.
1895 Abitur in Prag; ab Wintersemester
      an der Universität Prag: Kunstge-
      schichte, Literaturgeschichte, Phi-
      losophie. Gedichtband ›Laren-
      opfer‹ erscheint, erstes Heft der
      ›Wegwarten‹ zusammengestellt.

1896 Ab Sommersemester an der
      Rechts- und Staatswissenschaft-
      liche Fakultät. Aufführung der
      dramatischen Szene ›Jetzt und in
      der Stunde unseres Absterbens‹.
      In München belegt Rilke dann für
      zwei Semester Kunstgeschichte,
      Ästhetik, Darwinsche Theorie.
1897 Beginn der vierjährigen Bezie-
      hung mit Lou Andreas-Salomé;
      ›Traumgekrönt‹ erscheint; in Prag
      wird ›Im Frühfrost‹ aufgeführt.
1898 April–Mai: Arco, Florenz, Via-
      reggio. Rilke schreibt das ›Floren-
      zer‹ und beginnt das ›Schmargen-
      dorfer Tagebuch‹. ›Advent‹, ›Am
      Leben hin‹ und ›Ohne Gegen-
      wart‹ werden veröffentlicht.
1899 April–Juni: Erste Rußlandreise.
      Erster Teil des ›Stunden-Buchs‹
      entsteht, das ›Schmargendorfer
      Tagebuch‹ wird weitergeführt. Im
      Herbst entsteht die erste Fassung
      des ›Cornet‹. ›Zwei Prager Ge-
      schichten‹, ›Mir zur Feier‹, ›Die
      weiße Fürstin‹ veröffentlicht.
1900 Mai–August: Zweite Rußland-
      reise. August–Oktober: Worps-
      wede. Beginn des ›Worpsweder
      Tagebuchs‹. ›Geschichten vom
      lieben Gott‹ veröffentlicht.
1901 28. April: Heirat mit Clara West-
      hoff in Bremen; 12. Dezember:
      Geburt der Tochter Ruth. Im Sep-
      tember schreibt Rilke den zweiten
      Teil des ›Stunden-Buchs‹. ›Die
      Letzten‹ veröffentlicht. ›Das täg-
      liche Leben‹ aufgeführt.
1902 ›Das tägliche Leben‹, ›Das Buch
      der Bilder‹ veröffentlicht.

1903 In Viareggio schreibt Rilke den dritten Teil des ›Stunden-Buchs‹. ›Worpswede‹ und ›Auguste Rodin‹ veröffentlicht.

1904 Beginn der Arbeit an den ›Aufzeichnungen des Malte Laurids Brigge‹. Zweite Fassung der ›Weise von Liebe und Tod des Cornets Christoph Rilke‹ (unselbständig) veröffentlicht.

1905 September– Oktober: bei Rodin in Meudon, nach Vortragsreisen noch bis Mai 1906. Das ›Stunden-Buch‹ erscheint.

1906 14. März: Tod des Vaters. Das ›Buch der Bilder‹ erscheint in der zweiten, stark vermehrten Auflage. Erste Buchausgabe des ›Cornet‹.

1907 ›Neue Gedichte‹ im Dezember veröffentlicht.

1908 Im November schreibt Rilke die beiden Requien. ›Der Neuen Gedichte anderer Teil‹ erscheint.

1909 Mai: Provence. September–Oktober: Avignon. Ab Oktober: Paris.

1910 November–März 1911: Nordafrikareise. Rilkes einziger Roman, ›Die Aufzeichnungen des Malte Laurids Brigge‹, erscheint.

1911 Oktober–Mai 1912: Duino.

1912 Auf Schloß Duino entstehen die ersten Elegien und ›Das Marien-Leben‹. November–Februar 1913: Spanienreise.

1913 ›Das Marien-Leben‹ erscheint.

1914 In den Tagen nach Kriegsausbruch entstehen die ›Fünf Gesänge‹.

1915 Im November entsteht die vierte Duineser Elegie. Die ›Fünf Gesänge / August 1914‹ werden veröffentlicht.

1916 Bis Juni: Militärdienst in Wien, ab Januar Tätigkeit als Schreiber im Kriegsarchiv.

1917 August–September: als Gast von Hertha Koenig auf Gut Böckel.

1918 Ohlstadt, Ansbach, München.

1919 Oktober–November: Vortragsreise (Zürich, St. Gallen, Luzern, Basel, Bern, Winterthur). Dezember– Februar 1920: Locarno.

1920 Juni–Juli: Venedig. August– September: Reisen in der Schweiz. November–Jahresende: Berg am Irchel (bis Mai 1921).

1921 Ab Juli bis zu seinem Tod ist Rilkes Wohnsitz auf dem Château de Muzot.

1922 Rilke vollendet die ›Duineser Elegien‹ und schreibt die beiden Teile der ›Sonette an Orpheus‹. Gleichzeitig entsteht der ›Brief des jungen Arbeiters‹. Valéry-Übertragungen. Heirat Ruth Rilkes mit Carl Sieber.

1923 Juni–Juli: Reisen in der Schweiz. August–September: Sanatorium Schöneck bei Beckenried. Dezember–Januar 1924: Sanatorium Val-Mont sur Territet. Die ›Sonette an Orpheus‹ und die ›Duineser Elegien‹ werden veröffentlicht.

1924 Juni: Autoreise durch die französische Schweiz. November: Sanatorium Val-Mont. Es entstehen viele Gedichte in französischer Sprache, u.a. ›Vergers‹, ›Les Quatrains Valaisans‹, ›Les Roses‹. Im Mai erhält Rilke das erste Briefgedicht von Erika Mitterer. Dieses ist der Anlaß zum Briefwechsel in Gedichten mit der jungen Wiener Lyrikerin.

1925 Januar–August: letzter Aufenthalt in Paris.

1926 Bis Mai und Dezember: Sanatorium Val-Mont. Gedichte in französischer Sprache. Valéry-Übertragungen. ›Vergers suivi des Quatrains Valaisans‹ erscheint. 29. Dezember: Rilke stirbt in Val-Mont.

1927 2. Januar: Rilke wird in Raron (Wallis) beigesetzt. Gesammelte Werke I–VI veröffentlicht.

1931 Tod der Mutter, Sophie Rilke.

1954 Tod Clara Rilke-Westhoffs.

Weiterführende Literatur

I. Ausgaben

Die großen Werke Rilkes liegen in zahlreichen Einzelausgaben vor, auch in Taschenbuchform. Grundlage für die wissenschaftliche Beschäftigung mit Rilke sind die ›Sämtlichen Werke in sechs Bänden‹ (hrsg. vom Rilke-Archiv in Verbindung mit R. Sieber-Rilke. Besorgt durch E. Zinn. Frankfurt/M. 1955, 1956, 1959, 1961, 1965, 1966, auch als Taschenbuch). Die kommentierte vierbändige Werkausgabe (hrsg. von M. Engel, U. Fülleborn, H. Nalewski und A. Stahl. Frankfurt/M. 1996) bietet den Vorteil eines Kommentars, der auch die jüngste Forschungsliteratur berücksichtigt, ist aber keine vollständige Edition. Seit 1997 liegen in der dtv Bibliothek der Erstausgaben auch die ›Duineser Elegien‹ sowie die ›Aufzeichnungen des Malte Laurids Brigge‹ vor. Rilkes Übertragungen wurden von E. Zinn und K. Wais herausgegeben (Frankfurt/M. 1975), ›Das Testament‹ erschien, von E. Zinn herausgegeben, 1974 in Frankfurt/M. Als Teil des Werks lassen sich auch das ›Florenzer‹, das ›Schmargendorfer‹ und das ›Worpsweder Tagebuch‹ betrachten, die Rilke für Lou Andreas-Salomé schrieb. Sie sind als ›Tagebücher aus der Frühzeit‹ veröffentlicht (hrsg. von R. Sieber-Rilke und C. Sieber [1942]. Frankfurt/M. 1973).

Rilke sah seine Briefe als Teil seines Werks und erlaubte ihre Veröffentlichung in seinem letzten Willen ausdrücklich. Bisher sind weit über 6000 publiziert, teils an entlegenen Orten, so daß hier kein auch nur annähernd vollständiger Überblick über das Briefwerk gegeben werden kann. Einen Eindruck von der Vielfältigkeit der Korrespondenz vermittelt die Sammlung ›Briefe in zwei Bänden‹ (hrsg. von H. Nalewski, Frankfurt/M. 1991). Für den am Zusammenhang von Biographie und Werk, an Rilkes Lebenshaltung und an seinen Beziehungen Interessierten dürften folgende Korrespondenzen aufschlußreich sein:

Rainer Maria Rilke – Lou Andreas-Salomé. Briefwechsel. Hrsg. von E. Pfeiffer. Frankfurt/M. [1]1989 [1952]
Briefe an einen jungen Dichter. Frankfurt/M. [40]1992 [1929]
Briefe an Nanny Wunderly-Volkart. Im Auftrag der Schweizerischen Landesbibliothek, unter Mitarbeit von N. Bigler besorgt durch R. Luck. 2 Bde. Frankfurt/M. 1977
Rainer Maria Rilke – Ellen Key. Briefwechsel. Mit Briefen von und an Clara Rilke-Westhoff. Hrsg. von T. Fiedler. Frankfurt/M. 1993
Rainer Maria Rilke – Anton Kippenberg. Briefwechsel. 1906 bis 1926. Hrsg. von I. Schnack und R. Scharffenberg. 2 Bde. Frankfurt/M. 1995
Rainer Maria Rilke et Merline [= Baladine Klossowska]. Correspondance 1920–1926. Hrsg. von D. Bassermann. Zürich 1954
Rainer Maria Rilke – Marie von Thurn und Taxis. Briefwechsel. Hrsg. von E. Zinn. 2 Bde. Zürich 1951

II. Literatur über Rainer Maria Rilke

Die Forschungsliteratur zu Rilke ist auch für Spezialisten kaum zu überblicken, und jährlich kommen etwa 200 Titel neu hinzu. Unverzichtbares Hilfsmittel sind deshalb die Bibliographien von Walter Ritzer (Rainer Maria Rilke. Bibliographie. Wien 1951) und Walter Simon (Verzeichnis der Hochschulschriften über Rainer Maria Rilke. Darmstadt 1978). Die aktuelle Forschungslage wird in den Jahresbibliographien zu Rainer Maria Rilke in den

Blättern der Rilke-Gesellschaft erfaßt
(1978–1990 von K. Klutz, seit 1992 von
S. Schank). Seit April 1997 erscheint die
Rilke-Bibliographie auch im Internet auf
der Homepage der Literarischen Gesellschaft und des Museums für Literatur
am Oberrhein, Karlsruhe (http://www.
karlsruhe.de/Kultur/MLO/).

Über Leben und Werk Rilkes informieren die ebenso ausführlichen wie gut
lesbaren Biographien von *Wolfgang Lepp-
mann* (*Rilke. Sein Leben, seine Welt, sein
Werk. Vom Verf. überarb. Neuausg. Bern
1993*) und *Donald A. Prater* (*Ein klingendes
Glas. Das Leben Rainer Maria Rilkes. Eine
Biographie. Reinbek 1989 [1986]*). Den größten Schatz an Informationen bietet *Ingeborg Schnacks Rilke-Chronik* (*Rainer Maria
Rilke. Chronik seines Lebens und seines
Werkes. Frankfurt/M. ¹1990 [1975]*). Als Ergänzung zur Chronik empfiehlt sich der
ebenfalls von I. Schnack herausgegebene
Band ›*Rilkes Leben und Werk im Bild*‹
(*2., verm. Aufl. Frankfurt/M. 1966*).

Unentbehrlich für jede eingehende
Beschäftigung mit Rilkes Dichtungen ist
August Stahls zweibändiger Kommentar
zum Gesamtwerk (*Rilke-Kommentar zum
lyrischen Werk. München 1978,* und *Rilke-
Kommentar zu den ›Aufzeichnungen des
Malte Laurids Brigge‹, zur erzählerischen
Prosa, zu den essayistischen Schriften und
zum dramatischen Werk. München 1979*).

Auch mehr als drei Jahzehnte nach
ihrem Erscheinen bleibt *Eudo C. Masons*
kenntnisreiche, einfühlsame und vom
Fachjargon weitgehend freie Monographie (*Rainer Maria Rilke. Sein Leben und
sein Werk. Göttingen 1964*) lesenswert.
Dasselbe gilt für Masons Rilke-Aufsätze
im Band *Exzentrische Bahnen. Studien zum
Dichterbewußtsein der Neuzeit. Göttingen
1963*.

Die Haupttendenzen der Rilke-Forschung bieten die in einigen Sammelbän-
den enthaltenen Beiträge:

Hamburger, Käte (Hrsg.): Rilke in neuer
Sicht. Stuttgart 1971

Rilke heute. Beziehungen und Wirkun-
gen. Hrsg. von I. H. Solbrig und
J. W. Storck. 2 Bde. Frankfurt/M.
1975, 1976
Rilke-Studien. Zu Werk und Wirkungs-
geschichte. Redaktion: E. Bauer.
Berlin 1976
Rainer Maria Rilke. Hrsg. von R. Görner.
Darmstadt 1987 (= Wege der For-
schung 638)
Rilke heute. Der Ort des Dichters in der
Moderne. Redaktion: V. Hauschild.
Frankfurt/M. 1997

Als Einführung in das Thema »Rilke und
Österreich« empfiehlt sich *Rainer Maria
Rilke und Österreich. Symposion im Rah-
men des Internationalen Brucknerfestes '83
[in] Linz. […] hrsg. von der Linzer Veran-
staltungsgesellschaft mbH unter wissen-
schaftlicher Redaktion von J. W. Storck. Linz
1986.* Einige Aufsätze darin beschäftigen
sich mit Rilkes von der Forschung kaum
beachtetem Frühwerk. Eine Ausnahme
ist die Studie von James Rolleston (*Rilke
in Transition. An Exploration of his Earliest
Poetry. New York 1970*). Unter anderem
mit der frühen Prosa beschäftigt sich
Walter Seifert (*Das epische Werk Rainer
Maria Rilkes. Bonn 1969*) in einer fundier-
ten Arbeit, aber in einer für heutige Leser problematischen Diktion.

Auch das ›Stunden-Buch‹ und das
›Buch der Bilder‹ werden nur selten wis-
senschaftlich untersucht, so daß die ›einschlägige‹ Literatur schon etliche Jahrzehnte alt ist, etwa *Ruth Mövius' Studie
über Rainer Maria Rilkes Stunden-Buch.
Entstehung und Gehalt (Leipzig, 1937)* oder
Eudo C. Masons Aufsatz »*Zur Entstehung und Deutung von Rilkes Stunden-
Buch*« (*In: ›Exzentrische Bahnen […]‹. Göttingen 1963. S. 181–204*). Mit dem ›Buch
der Bilder‹ befaßt sich George C. Schoolfield in seinem Aufsatz »*Charles XII Rides
in Worpswede*« (*In: ›Modern Language
Quarterly‹ 16 [1955]*).

Zu ›Weise von Liebe und Tod des
Cornets Christoph Rilke‹, ›Aufzeichnun-

gen des Malte Laurids Brigge‹ und zu
den ›Duineser Elegien‹ liegen Materia-
lienbände vor, die die Entstehungsge-
schichte des jeweiligen Werkes doku-
mentieren, Selbstaussagen Rilkes zusammenstellen und einen Überblick über re-
levante Interpretationsansätze bieten:

›Die Weise von Liebe und Tod des Cornets Christoph Rilke‹. Text-Fassun-
   gen und Dokumente. Bearbeitet
   und hrsg. von W. Simon. Frank-
   furt/M. 1974
Materialien zu Rainer Maria Rilke: ›Die
   Aufzeichnungen des Malte Laurids
   Brigge‹. Hrsg. und mit einem Nach-
   wort von H. Engelhardt. Frank-
   furt/M. 1974
Materialien zu Rainer Maria Rilkes ›Duineser Elegien‹. Hrsg. von U. Fülleborn u. M. Engel. Frankfurt/M.
   Bd. 1: Selbstzeugnisse. 1980
   Bd. 2: Forschungsgeschichte. 1982
   Bd. 3: Rezeptionsgeschichte. 1982

Zu ›Neue Gedichte‹, Rilkes Begegnung
mit Rodin und seiner Beschäftigung mit
Cézanne zeigen Martina Kriessbach *(Rilke
und Rodin. Wege einer Erfahrung des Plasti-
schen. Frankfurt/M. 1984)* und Konstantin
Imm *(Rilkes Briefe über Cézanne. Frankfurt/
M. 1985)* den aktuellen Forschungsstand
auf. Den Einstieg in die Diskussion der
›Neuen Gedichte‹ erleichtern die von
Hans Berendt *(Rainer Maria Rilkes ›Neue
Gedichte‹. Versuch einer Deutung. Bonn
1957)*, Brigitte L. Bradley *(Rainer Maria
Rilkes ›Neue Gedichte‹. Ihr zyklisches Ge-
füge. Bern 1967* sowie *Rainer Maria Rilkes
›Der Neuen Gedichte anderer Teil‹. Bern
1976)* und *Wolfgang Müller (Rainer Maria
Rilkes ›Neue Gedichte‹. Vielfältigkeit eines
Gedichttypus. Meisenheim am Glan 1971)*.
   Lange Zeit grundlegend für die Inter-
pretation der ›Duineser Elegien‹ war Ja-
cob Steiners werkimmanente Zeile-für-
Zeile-Interpretation *Rilkes ›Duineser Elegien‹ (Bern ²1969)*. Es ist unmöglich, von
der Vielzahl der seither entwickelten

Deutungsansätze durch das Herausgrei-
fen einiger weniger Titel eine Vorstellung zu geben, zumal es eine allgemein
akzeptierte Auslegung dieser höchst
komplexen Dichtung nach wie vor nicht
gibt. Von einigem Einfluß war die Studie
von Manfred Engel *(Rainer Maria Rilkes
›Duineser Elegien‹ und die moderne deutsche Lyrik. Zwischen Jahrhundertwende und
Avantgarde. Stuttgart 1986)*.
   Wesentliche Grundlagen zum Verständnis der ›Sonette an Orpheus‹ enthalten Hans Egon Holthusen *(Rilkes ›Sonette
an Orpheus‹. Versuch einer Interpretation.
München 1937)*, Walter Rehm *(Orpheus.
Der Dichter und die Toten. Selbstdeutung
und Totenkult bei Novalis Hölderlin – Rilke.
Darmstadt ²1972)* und Hermann Mörchen
(Rilkes ›Sonette an Orpheus‹. Stuttgart 1958).
Den Zusammenhang der späten Lyrik
mit den früheren Werkstufen zeigt überzeugend Ulrich Fülleborn auf in seiner
Studie über *Das Strukturproblem der späten Lyrik Rilkes (Heidelberg ²1973)*.
   Abschließend sei noch einmal betont,
daß in diesen äußerst knappen Hinwei-
sen nur einige wenige einschlägige Arbeiten berücksichtigt werden konnten und
wichtige Bereiche der Rilke-Forschung
ebenso außen vor bleiben mußten wie
Informationen über aktuelle Forschungs-
diskussionen. Wer sich dafür interessiert,
sei auf die Bibliographien verwiesen.

Bildnachweise

Archiv für Kunst und Geschichte, Berlin
   1, 12, 13, 14, 16, 17, 24, 25, 27, 30, 31,
   32, 35, 38, 40, 44, 47, 49, 53, 57
Kunsthalle, Hamburg 22
Museum Ludwig, Köln 15
Rilke-Archiv, Gernsbach 2, 5, 7, 8, 19, 23,
   26, 43, 54, 59
Schiller-Nationalmuseum und Deutsches Literaturarchiv, Marbach 58
© VG BILD-KUNST, Bonn 1998 15, 24,
   27, 47, 53

Register

158   ANHANG

<u>dtv</u> portrait

Herausgegeben von Martin Sulzer-Reichel
Originalausgaben

**Biographien bedeutender Frauen und Männer aus
Geschichte, Literatur, Philosophie, Kunst und Musik**

Hildegard von Bingen
Von Michaela Diers
dtv 31008

Otto von Bismarck
Von Theo Schwarzmüller
dtv 31000

Die Geschwister Brontë
Von Sally Schreiber
dtv 31012

Georg Büchner
Von Jürgen Seidel
dtv 31001

**Annette von
Droste-Hülshoff**
Von Winfried Freund
dtv 31002

Elisabeth von Österreich
Von Martha Schad
dtv 31006

Theodor Fontane
Von Cord Beintmann
dtv 31003

**Johann Wolfgang von
Goethe**
Von Anja Höfer
dtv 31015 (i.Vb.)

Immanuel Kant
Von Wolfgang Schlüter
dtv 31014 (i.Vb.)

Erich Kästner
Von Isa Schikorsky
dtv 31011

Heinrich von Kleist
Von Peter Staengle
dtv 31009

**Gotthold Ephraim
Lessing**
Von Gisbert Ter-Nedden
dtv 31004

Stéphane Mallarmé
Von Hans Therre
dtv 31007

Rainer Maria Rilke
Von Stefan Schank
dtv 31005

John Steinbeck
Von Annette Pehnt
dtv 31010

Johan August Strindberg
Von Rüdiger Bernhardt
dtv 31013 (i.Vb.)